HEYNE ❬

Barbara Pachl-Eberhart

Wunder
warten gleich ums Eck

Entdecke die kleinen Dinge,
die den Alltag verzaubern

WILHELM HEYNE VERLAG
MÜNCHEN

Penguin Random House Verlagsgruppe GmbH FSC® N001967

Taschenbucherstausgabe 05/2021

4. Auflage
Copyright © 2018 by Integral Verlag München,
in der Penguin Random House Verlagsgruppe GmbH,
Neumarkter Straße 28, 81673 München
Copyright © 2021 dieser Ausgabe by Wilhelm Heyne Verlag, München,
in der Penguin Random House Verlagsgruppe GmbH,
Neumarkter Straße 28, 81673 München
Alle Rechte sind vorbehalten. Printed in Germany.
Die Texte in diesem Buch erschienen erstmals
als Kolumnen im EngelMagazin.
Redaktion: Dr. Diane Zilliges
Illustrationen: © Barbara Pachl-Eberhart
Umschlaggestaltung: Guter Punkt, München,
unter Verwendung eines Motivs von © Fona/shutterstock
Satz: Satzwerk Huber, Germering
Druck und Bindung: GGP Media GmbH, Pößneck
ISBN 978-3-453-70393-3

www.heyne.de

Inhalt

Einleitung

»Sind Sie gläubig?«

Seit ich Vorträge und Lesungen halte, habe ich kaum ein Publikumsgespräch erlebt, bei dem mir diese Frage nicht gestellt wurde. Es gibt andere Fragen, die sich ebenfalls oft wiederholen: Wie es mir geht, wie es mir *wirklich* geht, ob ich öfter weine oder öfter lache, ob ich Rat für Menschen habe, die allzu traurig sind, ob ich immer noch mit meinem Mann und meinen Kindern, die seit 2008 im Himmel sind, kommuniziere, und wie ich die Geburtstage, Todestage und sonstigen Jubiläen meiner himmlischen Familie begehe. Die Frage nach meinem Glauben allerdings ist die verlässlichste.

Warum? Vielleicht deshalb, weil sie die größte Sehnsucht, die größte Hoffnung und zugleich ein Tabu berührt: Vielen Menschen fällt es schwer, öffentlich über ihren Glauben zu sprechen. Wenn man zugibt, dass man gläubig ist, läuft man Gefahr, als Esoteriker abgestempelt oder als naiv verlacht zu werden. Da tut es gut, wenn es Menschen gibt, die gern Ja sagen, wenn man sie nach ihrem Glauben fragt. Eben Menschen wie mich.

Dass dieses Ja meine Antwort ist, das ahnt jeder, der gerade einen Vortrag von mir gehört hat, denn ich spreche meistens über meine Zwiegespräche mit meinem Mann und meinen Kindern und auch darüber, was ich Gott eines Tages sagen werde, wenn ich neben ihm auf einer weißen Wolke sitze und gemeinsam mit ihm, dem wohlwollend Milden, Rückschau auf mein Leben halte.

Ich glaube, wenn mich Menschen fragen, ob ich gläubig bin, fragen sie nicht nur nach dem Ja. Sie fragen auch und vor allem nach dem Ton in meiner Stimme. Sie fragen nach Sicherheit, sie wollen sich vergewissern, dass ich mein Ja frei von Zögern, frei von jedem »Aber« aussprechen kann. Und sie ahnen, dass ich es kann.

Ja, ich kann. Ja, ich bin gläubig. Es fällt mir leicht, das zu sagen. Und doch bin ich jedes Mal ein bisschen aufgeregt, wenn ich darum gebeten werde, in Worte zu fassen, was mir mein Glaube bedeutet. Wenn ich sagen soll, was es denn genau ist, woran ich glaube. Mein Ja ist bloß der Anfang einer langen, vielseitigen Geschichte. Wie geht sie weiter, nach dem spontanen, glaubwürdigen Ja?

Um wahrhaftig zu bleiben, muss die Geschichte meines Glaubens weitere, weitreichende Fragen stellen. Fragen wie diese: Wie wirkt sich das, woran ich glaube, denn auf mein Leben aus? Wie wirkt es sich aus auf die Art, wie ich andere Menschen behandle – oder darauf, wie ich schlechte Nachrichten verkrafte, wie ich auf Neues zugehe, wie ich mit unangenehmen Gefühlen zurechtkomme, wie ich Pläne schmiede? Ist das, woran ich glaube, hilfreich, wenn das Leben meine heiß geliebten Pläne wieder einmal über den Haufen geworfen hat? Hilft mir das, woran ich glaube, besser, friedlicher, glücklicher zu leben?

Das Buch, das Sie in Händen halten, hat viel mit diesen Fragen zu tun. Die Geschichten, die Sie lesen werden, erzählen davon, wie ich mich selbst auf die Suche nach Antworten auf die Fragen meines Glaubens gemacht habe – nach Antworten, auf die man nicht durch Nachdenken kommt, sondern die sich im Leben finden und im Leben bewähren.

Zu glauben, das ist für mich untrennbar mit dem Leben verbunden. Und zwar mit dem ganz normalen, alltäglichen Leben: mit Dienstag- und Freitagnachmittagen, mit April- und Novembertagen, mit Stoßzeiten und Stau, mit dem täglichen Weg zum Supermarkt, mit Nieselregen und Hochdrucktagen, mit meinen Nachbarn und der fremden Passantin auf der Straße, mit den vielen kleinen, unscheinbaren Begebenheiten, die sich jeden Tag ereignen oder ereignen könnten.

Ich glaube nicht nur an den Himmel, ich glaube auch an das Leben, das sich ganz real »hier unten« abspielt. Im O-Ton klingt das so: »Ich glaube, dass das Leben voller Wunder ist – und dass man jederzeit ein Wunder findet, wenn man nur ein paar Minuten lang mit offenen Augen spazieren geht.«

Das habe ich im Jahr 2013 zu Tonio Montel gesagt, als er mich für das *Engelmagazin* interviewte. Ich weiß noch, wie sich bei ihm ein Mundwinkel herausfordernd nach oben hob und wie er an seinem Kugelschreiber kaute, als er »Das glauben Sie wirklich?« fragte. Noch ehe ich nicken konnte, fragte er weiter, nun in seiner Rolle als Herausgeber und Chefredakteur des Magazins: »Wären Sie bereit, das auszuprobieren, zum Beispiel, indem Sie darüber schreiben?«

Auf was habe ich mich da nur eingelassen, dachte ich, als Herr Montel sich verabschiedet hatte. *Ja, ja,* raunte es hämisch in meinem Kopf. *Glauben ist wirklich einfach – solange man nichts beweisen muss. Aber hält dein Glaube auch der Überprüfung stand?*

Auf was habe ich mich da eingelassen? Heute, fünf Jahre nach meinem ersten Wunderspaziergang, fünf Jahre nach der ersten Kolumne, die ich für das *Engelmagazin* schrieb, kann ich sagen: Ich habe mich auf ein Abenteuer eingelassen, das sich gelohnt hat und sich ganz gewiss bis heute lohnt.

Ich habe Wunder gesucht und Wunder gefunden. Aber nicht nur das: Auf meiner Suche nach Wundern, die inzwischen vierunddreißig Geschichten entstehen ließ, durfte ich mich mehr als einmal fragen, was ich gelten lasse, wenn es um »echte Wunder« geht. Ich durfte mich fragen, ob man in einer bestimmten Stimmung sein muss, um Wunder zu finden, ob man Wunder rufen oder bestechen kann und ob man Wunder eher in der Einsamkeit oder im Trubel des Alltags entdeckt. Vor allem aber durfte ich mir immer klarer darüber werden, was ich eigentlich meine, wenn ich von Wundern spreche.

Wunder, die definiere ich heute so: Lebensmomente, in denen sich mein Blick auf das Alltägliche lichtet, in denen das Leben zu leuchten beginnt. Momente, in denen ich Erhabenheit spüre und ergriffen bin – von Kleinigkeiten, die Großes in sich tragen. Großes, das mich berührt und meinen weiteren Tag verändert. Meinen weiteren Tag – und damit mein ganzes künftiges Leben. Denn jede Veränderung stellt eine Weiche, die die weitere Richtung bestimmt.

Wunder öffnen eine Tür: eine Tür in ein Jenseits, das mich, so meine ich, nicht nur nach dem Leben erwartet, sondern das sich mitten im Leben offenbart. Ist das eine Tür zum Himmel? Ja: Himmel und Erde sind für mich nicht streng getrennt, nicht säuberlich geordnet in »jetzt« und »später«. Der Himmel berührt mich auch im Alltag, wann immer ich es ihm erlaube.

Und so sind die Geschichten, die in diesem Buch versammelt sind, Geschichten aus meinem Alltag. Lebensnahe, lebensbejahende Geschichten von einer, die auszog, Wunder zu suchen – und die tatsächlich jede Menge Wunder fand.

Die ersten Wunder warteten gleich vor dem Haustor auf mich. Und ein paar Schritte weiter – an der Kreuzung, im Supermarkt, im Park nebenan. Bald nach dem Beginn meines Wunderexperiments fiel es mir beinahe schwer, irgendwo kein Wunder mehr zu finden. Die ganze Welt kam mir wie ein einziges Wunder vor.

Ich wurde kritischer. Strenger. Eine Weile lang beschäftigte mich die Frage, was denn nun als »echtes« Wunder zu werten war. Ich suchte Wunder, die mich wirklich überraschten. Wunder, die mich herausforderten. Wunder, die mich dazu brachten, vertraute Überzeugungen und Glaubenssätze infrage zu stellen, und auf wundersame Weise dafür sorgten, dass ich mich veränderte. Ich wurde wieder fündig – und mein Glaube an echte Wunder festigte sich.

Irgendwann hörte ich auf, an bestimmten Tagen nach Wundern zu suchen, um sie auf die Probe zu stellen. Mein Blick auf den Alltag hatte sich durch mein Wunderexperiment verfeinert. Ich musste mir keinen »Wunderspaziergang« mehr verordnen, um das nächste Wunder zu finden. Inzwischen machte es immer wieder, sogar mitten im müden, emsigen, täglichen Trott, »klick« oder »pling«. Die Wunder hatten begonnen, mich aufzusuchen – und sie trafen auf einen verfeinerten Blick, auf offene Ohren, einen empfänglichen Geist. Und auf eine Frau, die mit großer Freude immer öfter darüber schreiben konnte, dass ihr wieder einmal, unangekündigt, ein Wunder begegnet war.

Ich schreibe noch immer über die Wunder, die mir begegnen. Und bin nach wie vor verblüfft, wenn mir, fünf Jahre, nachdem ich mein erstes Wunder suchen ging, wieder ein neues, wirklich neuartiges Wunder begegnet.

Die Welt ist tatsächlich voller Wunder. Das ist keine Pauschalaussage, keine beliebige Behauptung. Sondern eine Überzeugung, die sich aus meinen konkreten Erlebnissen speist. Ich danke den Wundern, die mich gefunden haben: für alle Momente des Lachens, der Erleichterung, der Überraschung und Freude. Und auch dafür, dass sie mir beibrachten, mit wachen Sinnen und offenem Herz durchs Leben zu gehen.

Ich hoffe, dass die Geschichten in diesem Buch auch Ihren Blick auf die Wunder des Alltags verfeinern. Möge dieses Buch dazu beitragen, dass Sie Wunder entdecken, wo Sie vorher keine sahen. Ich wünsche Ihnen viele »Klicks« und »Plings«. Und vor allem: ein Leben, von dem Sie ohne zu zögern sagen können, dass es himmlisch, bezaubernd und wundervoll ist.

Ehe die Wundersuche beginnt

*U*nd jedem Anfang wohnt ein Zauber inne, der uns beschützt ...

Sie haben das Gedicht erkannt. Stimmt's? Ich nehme an, Sie haben gelächelt, als Ihnen plötzlich wieder einfiel, dass es »Stufen« heißt. Sie haben beim Lesen »und der uns hilft, zu leben« ergänzt. Und wahrscheinlich an früher gedacht – an eine Zeit, in der Sie Hermann Hesse entdeckt haben und in »Narziss und Goldmund«, »Siddharta« und dem »Glasperlenspiel« versunken sind. An damals, als Sie mit jeder Seite, die Sie umblätterten, erwachsener wurden.

Ich rate noch weiter: Etwas in Ihnen hat beim Lesen leise zu schunkeln begonnen. So wie es schunkelt, wenn einem von irgendwoher ein altes Lieblingslied entgegenklingt, eines von denen, die man damals auf Schallplatte hatte, zum Beispiel auf »Kuschelrock«.

Das Gedicht vom Zauber des Anfangs hat damals, als wir es zum ersten Mal lasen und verstanden, eine Saite in uns gespannt. Eine Saite, die bis heute vibriert. Als wir

Hesses Gedicht zum ersten Mal lasen, da waren die Worte über den Anfang eine Verheißung. Ein festes Versprechen, das sich auf später bezog. Auf bald.

Damals hatten wir die meisten großen Anfänge ja noch vor uns: den Studienbeginn, den Auszug von daheim, die erste Liebe, die dauern sollte, die erste große Reise allein. Der Duft dieser möglichen Anfänge umwehte unsere Nasenspitze, und wir wussten: Bald würden wir ihn tief einatmen, kosten und zu uns nehmen, und die Süße des Neuen würde uns laben. Im Bauch unserer Jugend, da war noch viel Platz für erste Male. Da gab es ein weites Vakuum, zu füllen mit dem, was wir uns als »unser künftiges Leben« erträumten. Es fing gerade an, dieses Leben. Und Hesses Gedicht machte uns Mut.

Und jetzt? Jetzt sind wir groß. Und wir glauben ihm immer noch, dem großen Dichter. Und wollen es immer noch glauben, dass jeder Anfang einen Zauber mit sich bringt. Und wir glauben daran und hoffen darauf, dass es noch viele Anfänge geben wird, in diesem, unserem Leben.

Doch inzwischen sind wir satt – und fragen uns heimlich: Wann haben wir das Knistern, das Rascheln, den seiden papierzarten Zauber des Neuanfangs zum letzten Mal wirklich gespürt? Wann hat uns dieser Schauer, der kitzelnd über Nacken und Rücken huscht, zum letzten Mal gepackt?

Ist der Zauber des Anfangs vielleicht nur noch ein inneres Sehnen, etwas, das wir erinnern, ohne es tatsächlich noch an uns heran- und in uns hineinzulassen, in all seiner Mächtigkeit, seiner Radikalität, seiner wandelnden Kraft? Oder … können wir es noch?

Anfangen, ohne zu wissen, wohin die Reise geht. Aufbrechen, die Stufe nehmen, einen Schritt weitergehen. Je älter wir werden, desto mehr begreifen wir, dass im Zauber des Anfangs nicht nur ein Versprechen liegt, sondern auch ein dringender Aufruf an unsere Seele: der Aufruf, nicht aufzuhören mit dem Anfangen. Was früher ganz einfach war, ist jetzt eine Lebensaufgabe. Denn unsere Erfahrungen und Gewohnheiten, die Bausteine unserer Sicherheit, sind stabil – und sie lassen sich nicht mehr so leicht verrücken. Wo ist denn noch Platz für Neues? Hier und da, in einer kleinen Ritze vielleicht.

Ein neues Hobby, ein neues Fahrrad, ein neues Kleid? Das alles macht Freude, aber der Zauber hält nicht lang an. Er perlt ab, an der glatten Oberfläche unseres Lebens, das eingerichtet und abgedichtet ist.

Wie finden wir wieder zu Neuem? Wie können wir es wieder zum Singen bringen, das packende Lied, mit seinem Zauber, der unsere innersten Saiten zum Schwingen bringt? Wir kennen die Antwort. Wir haben sie ja, vor langer Zeit, bei Hesse gelesen: Es gibt keinen Anfang, der nicht zugleich auch ein Abschied wäre. Ein Abschied von dem, was vertraut, behaglich und sicher ist.

Was es braucht, um anzufangen? Loslassen.

Abgeben. Aufgeben. Ein Vakuum schaffen. Hält unsere Seele, hält unser Bauch es aus, sich dem leeren Raum anzuvertrauen, den jeder wirkliche Anfang braucht? Hui, das zupft und zieht und reißt an uns. Erinnern wir uns noch daran, dass das Ziehen, dass die Angst zum Zauber dazugehört?

»Ich weiß keine Antwort.« »Ich habe keine Idee, keinen Plan.« Sätze wie diese gehören zum Zauberspruch, auf den der Neuanfang besonders gut hört. Das weiß ich mit Sicherheit. Denn ich habe die Augen gesehen: die Augen so vieler Menschen, die mitten im Leben einen Neuanfang machten – nicht aus Entschlusskraft, nicht aus Lust am Abenteuer, sondern weil sie keine andere Chance hatten und sich erst einmal, zum ersten Mal seit Langem, erlauben mussten, mit ihrem Latein am Ende zu sein.

Oft ist es das Schicksal, das uns das Loslassen lehrt. Das Pech. Der Verlust. Die Zumutung, dass uns etwas genommen wird, das wir nicht hergeben wollten. Zuerst spüren wir nur den Sturm, die Empörung. Doch irgendwann findet er zu uns, der zarte Duft, der uns verspricht: Es wird nun wieder einen Anfang geben. Bald. Und mit ihm kommt der Zauber, der uns beschützt. Der uns über die nächste Stufe hilft.

Jener Zauber, der uns hilft, zu vertrauen und wieder, weiter, im Geist des Anfangs zu leben.

Wunderbarer
Anfangszauber

Wie schon gesagt: Ich glaube an Wunder. Es liegt einfach in meiner Natur. Wenn ich darüber nachdenke, worin der Sinn meines Lebens besteht, so finde ich hinter all den vielen möglichen Antworten, hinter den spontan emporschießenden Gedanken an einen alltäglichen, offensichtlichen, notwendigen und klug erdachten Sinn doch letzten Endes die immer gleiche, eine, große Antwort: Ich glaube, der Sinn meines Lebens liegt schlicht und einfach darin, die vielen, vielen Wunder der Welt zu bemerken und mich an ihnen zu erfreuen. Die Ausstattung, die mir für diese Aufgabe mit auf den Weg gegeben wurde, ist selbst schon ein Wunder: zwei Augen, die sehen. Zwei Ohren, die hören. Und ein Paar Füße, die mich vorwärtstragen, um die nächste Ecke. Und falls da gerade kein Wunder zu entdecken ist, eben noch ein paar Schritte weiter.

In der elften Schulklasse hat man mir beigebracht, dass es sieben Weltwunder gibt. Ihre Namen lernte ich auswendig, weil ich musste – die hängenden Gärten der

Semiramis, die Pyramiden von Gizeh, den Koloss von Rhodos und die anderen Gebäude, die fast alle irgendwo in Griechenland standen. Sie hatten rein gar nichts mit meinem jugendlichen Leben zu tun. Am Ende des Schuljahres, im frühen Sommer, verliebte ich mich in den Jungen aus der ersten Reihe, der viel besser Klavier spielen konnte als ich und ungefähr siebzig Operettenarien auswendig kannte. Wir gingen Eis essen, wir gingen ins Kino, er brachte mich abends nach Hause, und da, plötzlich, war die Welt, meine ganz persönliche Welt, die Welt, die direkt vor meiner Nase lag, von Wundern übersät. Blumenduft. Unser Lied im Radio. Der Mond, so groß wie die halbe Welt, das Rot der Sonne am Abend, der Anruf, genau im richtigen Moment …

Wer verliebt ist, für den scheint die Welt aus Wundern zu bestehen. Und vielleicht sind es nicht zuletzt die Wunder, die wir vermissen, wenn die Liebe vergeht oder sich das, was einmal Verliebtsein war, langsam in Selbstverständlichkeit verwandelt. Beinahe unbemerkt schrumpft der Mond wieder auf seine normale Größe zusammen. Die Sonne verliert ihr rotes Feuer. Und die Lieder im Radio? Sind auch nicht mehr das, was sie einmal waren.

Ich bin kein Kind mehr. Die Schule habe ich schon lange hinter mir gelassen. Kürzlich habe ich Geburtstag gefeiert. Meine neue Alterszahl erinnert mich, wie jedes Jahr, freundlich daran, dass mein Leben nicht ewig dauern wird, sondern stetig in Richtung Älterwerden tickt.

Auf Wunder zu warten: Wer weiß, wie viel Zeit ich dafür noch habe? »Hast du meine Wunder gesehen?«, wird mich der, zu dem ich gehe, eines Tages fragen. Ich möchte ihm mit einem strahlenden »Ja!« antworten, ich möchte ihm von der Erde, von seiner Erde, von Mutter Erde erzählen und von den tausend Kleinigkeiten, die mich verzaubert haben.

Wunder zu erkennen, da, wo sie sind, diese Aufgabe nehme ich ernst, und sie erfüllt mich mit Freude.

Vor Kurzem habe ich spontan ein Experiment in mein Leben eingeladen. Ich stellte mir die Frage, ob Wunder immer nur überraschend auftauchen, dann, wenn man nicht mit ihnen rechnet, oder ob man sich auch aktiv auf die Suche nach Wundern machen kann. Wie lange dauert es, bis man ein Wunder findet? Das fragte ich mich. Und spazierte, weil ich es mir vorgenommen hatte, gestern Nachmittag los.

Es dauerte nicht lang, bis ich mein Wunder traf. Kaum, dass ich im Erdgeschoss meines Wohnhauses angekommen war, bewies mir mein Leben bereits, dass es Humor hat. »Du suchst Wunder? Gut, hier hast du eines!«, lachte es, gerade in dem Moment, als ich das Haustor öffnete, um auf die Straße zu gehen. Welches Wunder überrumpelte mich? Ein Sonnenstrahl. Der erste, allererste warme Sonnenstrahl nach fünf kalten Wintermonaten. Er fiel mir direkt ins Gesicht, umarmte mich zärtlich. Meine Freude am Leben blinzelte heftig und war innerhalb einer Sekunde aus ihrem tiefen Winterschlaf erwacht.

»Eins zu null für dich, liebes Leben«, flüsterte ich, und der blaue Himmel winkte mir zu.

Gemeinsam mit allen Schutzengeln, die sich um mich tummeln, spazierte ich weiter und kaufte mir – zum ersten Mal in diesem Jahr – eine Tüte Schokoladeneis.

Wunder, egal wie klein oder groß, verändern die Welt. Und sie verändern uns: Wunder lassen unser Herz hüpfen und unsere Füße tanzen. Manchmal erkennt man einen Menschen, der gerade ein Wunder erlebt hat, an seinem Lächeln. Oder an einer Tüte Eis in seiner Hand – meistens mit Schokoladengeschmack.

Stürmisches Wunder

*W*under zu suchen hat einen großen Vorteil: Man kommt raus – egal, bei welchem Wetter. Heute! So lautete zum zweiten Mal die Vereinbarung mit mir selbst. Mein Experiment heißt konkret: Ich wähle einen beliebigen Tag im Kalender. Und dann mache ich mich auf den Weg, komme, was wolle. Ich gehe spazieren, bis ich ein Wunder finde. Beim ersten Mal dauerte es nicht lange, bis das Wunder und ich zusammentrafen. Es hat mich gleich am Haustor erwischt.

Apropos. Dieses Haustor!

Seit fast zehn Jahren wohne ich in einem noblen Gründerzeithaus, das über einen der viel gerühmten Wiener Innenhöfe verfügt. Rosen, gezüchtet im Vatikan, weißer Oleander. Mitten im Blütenmeer steht ein Gartenstuhl mit geschwungener Lehne, der aus einem Gemälde von Claude Monet gefallen sein könnte.

Das Schönste an meinem Haus aber ist das Eingangstor. Ich habe es »Schutzengeltor« getauft. Warum? Weil das mit den Schutzengeln immer funktioniert. Wirklich immer, zu hundert Prozent: Wann immer ich voll bepackt nach Hause komme und gerade keine Hand frei habe, um nach dem Schlüssel zu kramen, geht das Tor von selbst auf, weil zufällig gerade ein Mitbewohner das Haus verlässt. Meine Mitbewohner wissen schon, was mein Strahlen zu bedeuten hat, wenn sie mich vor dem Tor treffen. Sie wundern sich auch nicht, wenn ich wieder irgendetwas von unsichtbaren Flügeln murmle und fröhlich pfeife, während das Tor hinter mir ins Schloss fällt.

Heute trage ich keine Taschen. Heute bin ich es, die durchs Tor auf die Straße tritt. Niemand kommt mir entgegen, ich überlege, ein wenig zu warten. Es wäre doch schön, wenn ich heute für irgendjemanden Schutzengel spielen könnte.

Ein Wunder, das ich selbst erzeuge, als Revanche für die vielen Haustorwunder, die sich für mich schon ereignet haben – ja, das wäre ganz nach meinem Geschmack.

Eine Minute lang stehe ich pfeifend im Torbogen, dann mache ich mich doch auf, um weiterzugehen.

Es ist kalt. Der Winter ist noch einmal wiedergekommen, der Himmel hat graue Schläfen bekommen. Sogar der Wind scheint heute grau zu sein. Grau und garstig. Er macht mir Gänsehaut und weht mir – natürlich wie immer! – direkt ins Gesicht.

Es gelingt mir beim besten Willen nicht, gegen ihn anzupfeifen. Die Menschen, die sich rechts und links an mir vorbeiblasen lassen, haben ihre Schultern hochgezogen, ihr Blick wandert am Boden entlang, als wäre auch er eine graue Böe, die es sehr eilig hat, obwohl sie gar nicht wirklich weiß, wohin sie will.

Grimmige Augen, grimmiger Mund. Ja, auch dafür ist Wien berühmt: grantige Gesichter, vor allem dann, wenn es gerade viel zu kalt oder viel zu heiß ist. Also eigentlich immer.

Ich bleibe an der großen, vierspurigen Straße stehen, die ich immer überqueren muss, wenn ich in den Park, zur U-Bahn oder in die Innenstadt will. Die Ampel ist lange rot, das weiß ich schon, ich habe also Zeit, mich umzusehen. Mit mir warten sieben Leute. Vier schauen konzentriert in ihr Smartphone, zwei halten das Handy ans Ohr und versuchen verärgert, sich durch den Wind hindurch verständlich zu machen.

Auf der anderen Straßenseite steht eine Frau, die offenbar gerade nicht telefonieren muss. Entspannt steht sie da, mit offenem, weichem Gesicht. Die Augen geschlossen, ihre Haare wehen im Wind. Sie lächelt. Kann das sein? Ja, es sieht tatsächlich so aus, als würde sie den Wind – diesen kalten, gemeinen, stacheligen Wind – genießen!

O, mein Gott, sie trägt nicht einmal einen Schal! Ich kann mich nicht sattsehen am Gesichtsausdruck dieser Frau. Autos brausen vorbei, doch immer wieder erhasche ich einen Blick auf das Haar, auf die Wölbung der Augenbrauen, auf die lächelnden Lippen. »Kaum zu glauben«, denke ich glücklich. Und bemerke, was ich da sage: Glück, Überraschung und etwas, das den Rahmen meiner Vorstellung sprengt. Na, wenn das kein Wunder ist!

Die Ampel springt auf Grün. Ich bleibe stehen, warte, bis die Frau auf meine Straßenseite gekommen ist. Sie bemerkt mich nicht, aber sie lächelt noch immer. Ich wende mich um und laufe das kurze Stück nach Hause. Wunder entdeckt, Auftrag erfüllt. Beim Aufsperren des Haustors treffe ich eine Nachbarin. Sie hat zwei Taschen in der

Hand und freut sich sehr, dass ich zufällig gerade gekommen bin.

Ich pfeife, zweistimmig, mit dem Wind.

Kein Wundertag?

Es gibt Tage, da liegen die Wunder schon in der Luft. Kennen Sie es auch, dieses Gefühl? Schon beim Aufwachen kribbelt es in den Fingerspitzen, die Luft scheint zu knistern, und es kommt uns so vor, als hätte dieser Tag schon seit Stunden darauf gewartet, dass wir endlich aufstehen. Als würde er kichernd vor der Schlafzimmertür kauern und sich aufgeregt die Hände reiben. Als hätte er unser Wunder schon versteckt, irgendwo, an einem Platz, an dem es ganz leicht zu finden ist. Wir müssen nur die Tür aufmachen und …

Nein. Heute ist definitiv keiner dieser Tage. Wenigstens nicht für mich. Seit dem Aufstehen ist nichts Nennenswertes passiert, ja: Alles, was passiert ist, war auf buchstäbliche Weise nicht nennenswert. Banal und fad. Und ich?

Auch ich fühle mich heute namenlos, plump und klein. Wer bin ich, dass ausgerechnet ich so etwas wie ein Wunder erwarten könnte? Und doch – ich habe es versprochen. Ich habe mir vorgenommen, heute wieder auf Wundersuche zu gehen. Spazieren gehen, bis mich ein Wunder findet, so heißt mein Experiment.

Ich habe mir selbst versprochen, dass es immer ein Wunder gibt, das gleich ums Eck auf mich wartet. Nicht nur an Sternschnuppentagen, sondern auch und gerade an einem schallgedämpften Tapetenkleistertag wie heute. Also gehe ich los. Wohin? Einfach dahin, wo ich sowieso etwas zu besorgen habe. Falls das Wunder sich an die Regeln hält, brauche ich nicht bis in den Zoo oder in die Vorstadt zu fahren.

Ich gehe in den Supermarkt. Als ich eine Dose Tomatensoße in meinen Einkaufswagen lege, geht meine Fantasie mit mir durch. Ich muss lachen. Welches Wunder könnte hier schon auf mich warten? Vielleicht ein Tomatenbäumchen, das aus der Konserve sprießt? Eine sprechende Büchse? Ein Geldschein unter einer der Dosen oder wenigstens ein Glückspfennig im Bananenregal? Nein, da ist nichts. Nur ein ganz normaler Supermarkt.

Ich gehe weiter, halte inne. Eigentlich, so fällt mir ein, ist es ja schon ein Wunder, dass ich überhaupt in einem Supermarkt stehe und Tomatensoße kaufen kann, fix und fertig gekocht und gewürzt, um weniger als neunzig Cent.

Wäre ich eine Massai-Kriegerin aus Kenia, dieser ganze Laden käme mir wie ein einziges Wunder vor. Ich würde fassungslos zwischen den Regalen stehen und staunen, über das Angebot und vielleicht noch mehr über all die Menschen, für die das alles selbstverständlich zu sein scheint. Spaghetti. Neonfarbener Apérol. Fertige Sandwiches, Schokoladenkuchen, im Glas gebacken, haltbar bis übernächstes Jahr. Im Grunde bin ich von Wundern umgeben – es kommt nur auf die Perspektive an.

Immer noch staunend dringe ich bis zur Kasse vor. Ich schüttle den Kopf. Nein, nein. Ich bin ja keine Massai-Kriegerin. Und mein persönliches, echtes Wunder, das lässt noch auf sich warten. Heute bin ich trotzig. Ich will mich nicht zufriedengeben mit einem Ich-stelle-mir-vor, mit einem Wie-wäre-es-wenn. Ich will ein echtes Wunder. Etwas anderes lasse ich heute nicht gelten.

Gleich komme ich zum Zahlen dran. Vor mir wartet eine Frau, im Kindersitz des Einkaufswagens sitzt ein kleiner Bub. Er ist ziemlich schlimm. Er besteht darauf, den Inhalt des Wagens auf das Förderband zu legen, auch wenn die Wassermelone zu schwer und die Ölflasche nicht erreichbar ist. Er will, er will! Und er brüllt, als die Mutter ihm seine dringende Kinderarbeit abnehmen will. Er brüllt weiter, noch lauter, als die drei Schokoladeriegel, die er flink aus dem Steher gezogen hat, nicht auf dem Förderband, sondern in der Hand der Mutter und dann wieder in ihrem Verkaufsfach landen. Er schlägt um sich. Ein paar Leute schütteln den Kopf. »Verzogener Bengel«, denke auch ich unwillkürlich. Die Mutter schimpft barsch, der kleine Schreihals bekommt einen Klaps auf den Hinterkopf und brüllt nun umso mehr. Natürlich. Hier passt alles zusammen. Überfordert, alles aus dem Ruder gelaufen, schon jetzt verkorkst. Man kann sich ausrechnen, wie es morgen weitergehen wird und übermorgen und …

Die Mutter zahlt. Da, auf einmal, wie aus dem Nichts, breitet sich ein Lächeln im Gesicht des Buben aus. Er streckt seiner Mama die Ärmchen entgegen und umarmt sie fest. Liebevoll. Einfach so. Als wäre nichts gewesen.

Das Gesicht der Mutter wird weich. Sie strahlt. Sanft, langsam holt sie ihren Sohn aus dem Wagen, trägt ihn zur Ablage, auf der sie gleich die Einkaufstasche packen wird. Mutter und Kind, ein inniges Bild voll Zärtlichkeit. Was eben noch schwierig war, ist fort, ganz vergessen.

Ich atme auf und freue mich. Über das Wunder der winzigen und doch riesengroßen Veränderung, deren Zeuge ich gerade werden durfte. Das Wunder eines Lächelns. Das Wunder, das uns zeigt, dass niemand nur eine Seite hat und dass das Jetzt viel wichtiger ist als jeder vergangene Ärger. Das Wunder der Liebe.

Es gibt immer wieder eine neue Chance, sagt mein Tag zu mir. Er reibt sich zufrieden die Hände. Und eine kleine, unsichtbare Sternschnuppe zwinkert mir zu.

Mich wundert
gar nichts mehr

ich wundert gar nichts mehr.« In meiner Stadt gibt
es viele Stellen, an denen so geseufzt, gestöhnt, gemurmelt wird. Eine dieser Stellen, an denen Seltsamkei-
ten so oft geschehen, dass sich gar niemand mehr wundert, ist die Straßenbahnhaltestelle, die ich benutze, wenn
ich von der Fußgängerzone nach Hause fahre.

Dort gibt es eine Anzeige, auf der man sehen kann,
wann der nächste Wagen kommt. Das ist praktisch, man
weiß dann gleich, ob man Zeit hat, um einmal genüss-
lich nachzudenken – zum Beispiel darüber, was »sich
wundern« eigentlich mit dem Phänomen des Wunders zu
tun hat. Darüber, ob alles, worüber man sich wundert, ein
Wunder sein könnte: das Nasenbohren eines Autofahrers
an der Ampel, die Schlagzeile auf dem Titelblatt der Gra-
tiszeitung …

An meiner Straßenbahnhaltestelle habe ich fast immer Zeit, um zu philosophieren. »Mich wundert nichts
mehr«, das denke auch ich, wenn mir auf der Anzeigetafel
eine zweistellige Minutenzahl entgegenleuchtet, obwohl

der Fahrplan doch eigentlich einen Fünf-Minuten-Takt verspricht.

Das Wunder, von dem ich diesmal erzähle, hat sich ausgerechnet jenen Platz ausgesucht, an dem doch eigentlich gar nichts mehr ein Wunder sein sollte. Ich kam gerade aus dem Einkaufszentrum, in dem mein Fitnesscenter liegt. »Ich kam«, das heißt: Ich schleppte mich. Ich trainiere nämlich erst seit Kurzem. Und neige dazu, meine Kondition hoffnungslos zu überfordern. Was mein Selbstbild angeht, bin ich nämlich schon ziemlich sportlich – und effizient obendrein: trainieren, danach im selben Einkaufszentrum alles fürs Abendessen besorgen, munter in die Straßenbahn hüpfen und gleich darauf zu Hause kochen und den Abend genießen. So die Theorie.

So auch die Praxis, die das Ganze jedoch mit ein paar realistischen Zutaten würzt: schwitzen, die Sporttasche schleppen, sehr langsam durch den Supermarkt schlurfen, meditierend Schlange stehen, den Einkauf aufs Förderband legen. Bemerken: Ich habe die Eier vergessen. Traumverloren zum Kühlregal wandeln, die Eier in den Wagen legen, staunen, dass der Wagen so seltsam leer ist. Rot anlaufen, die Kasse suchen, auf deren Förderband ich den restlichen Einkauf vergessen habe. Aufatmen, weil der vorige Einkäufer langsam genug und meine Ware ohnehin noch nicht an der Reihe war. Danke sagen, weil ich mich von ganz hinten vordrängen darf, zu meinen Sachen, die die Verkäuferin gerade über den Piepser zieht.

Todmüde kam ich schließlich draußen zur Haltestelle – und wunderte mich natürlich nicht darüber, dass die

Straßenbahn eben die Station verließ und dass die Anzeigetafel charmant von Null auf Fünfzehn sprang.

Ich stellte Tüte und Tasche auf die Wartebank, kramte nach meinem Handy. Noch ehe ich es herausholen konnte, war das Wunder da: eine Straßenbahn! Eine ganz normale Straßenbahn, die einfach auf die angezeigte Wartezeit pfiff und just eine Minute nach ihrer Kollegin kam. Eine Straßenbahn, die stehen blieb, mir die Tür aufmachte, mich einsteigen ließ, um mich schleunigst nach Hause zu bringen. Hurra!

Ich nahm Platz, schaute mich um. Da saßen etwa dreißig Menschen. Wie vielen von ihnen war wohl gerade an irgendeiner Station vor der meinen die letzte Straßenbahn davongefahren? Wurden auch sie, der Anzeige zum Trotz, freudig vom nachfolgenden Wagen überrascht? Ich weiß nicht, ob ich es mir eingebildet habe. Doch es schien, als ob in allen Gesichtern seltsam gute Laune funkelte.

Und als auf einmal das Handy einer Dame klingelte, als sie abnahm und dabei aus Versehen den Lautsprecherknopf drückte, als die Stimme ihrer Mutter aus dem Telefon schallte und den ganzen Wagen erfüllte, als das Handy während des ganzen Gesprächs einfach nicht mehr leise zu kriegen war … da war ich sicher, dass ich tatsächlich in einem Wunderwagen saß. Denn da war niemand, der den Kopf schüttelte oder den Vorfall bissig kommentierte. Man lächelte verständnisvoll, man ließ sich nicht stören, man fühlte mit der Tochter am Telefon.

Wunder machen freundlich. Gemeinsam erlebte Wunder schaffen einen Geist der Verbundenheit, schaffen Verständnis und Mitgefühl.

Vielleicht war es auch anders. Vielleicht war ich ja die Einzige, für die die Straßenbahn überraschend, als Wunder kam. Die Einzige, die die Freundlichkeit der Fahrgäste als Bestätigung eines Wunders sah. Wenn ich es mir genau überlege, gefällt mir diese Variante ja fast noch besser: Da haben dreißig Menschen ein Wunder erzeugt, indem sie lächelten, statt zu schimpfen, und freundlich schauten, statt zu stöhnen. Ja, diese Art von Wunder gefällt mir ganz besonders gut.

Das Wunder in mir

Und wieder einmal ist Wundertag. Da steht es, in meinem Kalender, den ich eben aufgeschlagen habe. Es ist Januar, und mein Kalender ist im Großen und Ganzen noch erfreulich leer – bis jetzt hat mich das junge Jahr noch nicht mit Terminen überschüttet.

Weiße Seiten, leere Tage. Tage, die ich selbst befüllen darf. An weißen Kalendertagen kann ich mein eigenes Tempo wählen. Die Uhr bleibt auf dem Nachtkästchen liegen, meine Beine dürfen baumeln, laufen und schlendern, wie sie wollen, meiner Nase gebe ich die Erlaubnis, zu schnüffeln und selbst zu entscheiden, welche Fährte sie verfolgen will.

Wenn ich abends nach solch einem leeren Kalendertag Rückschau halte, stelle ich meistens fest: Gerade an den leeren Tagen zeigt sich das Leben besonders prall und voll. Je weißer das Kalenderblatt, desto bunter die Erinnerung, die bleibt.

Auch das heutige Kalenderblatt ist leer – aber ganz weiß ist es nicht. Es hat einen neongrünen Leuchtstiftrahmen. Das Erste, was ich machte, als ich meinen neuen Kalender von seiner Zellophanhülle befreit und den Duft des frischen, sauberen Jahres inhaliert hatte, war das: Ich markierte meine Wundertage. Wundertag, das heißt: spazieren gehen, so lange, bis mich ein Wunder trifft. Ob ich gute Laune habe oder nicht, ob mein Kopf voller Probleme steckt oder leicht und frei auf meinen Schultern schwebt, ob die Sonne scheint oder grauer Matsch in die Stiefel kriecht, ist egal. Ein echtes Wunder lässt sich von meinen Launen nicht beeindrucken. Es findet mich. Davon bin ich überzeugt – es liegt an mir, es mir immer wieder selbst zu beweisen. Zum Beispiel jetzt.

Das Wunder wird es heute nicht besonders schwer mit mir haben, denke ich, und marschiere los. Die Sonne lacht, unter meinen Schuhen knirscht frisch gefallener Schnee. Meine Laune gleicht der eines Vorschulkindes, das gerade neue Schlittschuhe und einen riesigen kirschroten Lolli geschenkt bekommen hat.

Ich bin in den Park spaziert. Neugierig sehe ich mich um. Ein paar Raben sitzen auf der weißen Schneewiese und sehen aus, als wollten sie mir beim Suchen helfen. Sie gucken munter umher, ich mache mit. Wo werde ich das Wunder treffen?

Ein kleines weißes Wölkchen atmet sich aus meinem Mund in die Kälte hinein. Ich beginne zu spielen, hauche Puffwolken in die Luft. Ich habe Spaß – und finde es ganz einfach … wunderbar.

Ja: Ist es nicht ein echtes Wunder? Sichtbarer Atem. Tausend tanzende Eiskristalle. Kaum aufgetaucht, werden sie schon wieder unsichtbar, wie auch immer sie das machen. Vielleicht habe ich es einmal in Physik gelernt. Momentan verstehe ich es nicht, und das ist schön.

Es gibt so vieles, was ich nicht verstehe. Zum Beispiel den Schnee: Jede einzelne Flocke ist einzigartig, ein winziges Kunstwerk. Und da, der Buchsbaum, der es irgendwie schafft, sein grünes Kleid heil durch den Winter zu bringen, ohne zu erfrieren. Wie? Er kann es einfach, es passiert ihm wie von selbst.

Wie von selbst bereitet sich auch der Frühling vor, gleich unter der weißen Decke. In wenigen Wochen werden uns bunte Tulpenköpfchen entgegenlachen, als wäre es das Natürlichste der Welt. Wie schaffen sie es nur, unter dem eiskalten Schnee aufzublühen? Vögel, die fliegen, ohne herunterzufallen, Vogelschwärme, die sich wie auf Kommando drehen, ohne dass jemals ein Vogel mit dem anderen zusammenstößt …

Ich muss mich bremsen. Auf einmal kommt mir alles, einfach alles wie ein Wunder vor. »Darf ich das?«, frage ich mich. Darf ich die Welt zum Wunder erklären, nur weil ich sie nicht verstehe? Darf ich behaupten, alles und jedes sei wunderbar? Ist das nicht geschummelt?

Grübelnd gehe ich nach Hause und koche mir erst einmal eine Tasse Tee. Noch immer bin ich erfüllt von der Freude meiner kleinen Wunder. Sie fühlt sich echt an – und gar nicht nach Selbstbetrug. Ich rühre, trinke. Mein Spaziergang hat mich reich beschenkt.

Eine Ahnung bahnt sich ihren Weg. Von innen, aus dem Bauch, tastet sie sich hinauf bis hinter meine Grübelstirn: »Vielleicht«, so flüstert sie, »liegt das größte Wunder, das du heute gefunden hast, in dir selbst.«

Ich. Ein Mensch, der in der Lage ist, auf Knopfdruck in allem ein Wunder zu sehen. Ein Mensch, der sich

wundert, staunt und sich an winzigen Kleinigkeiten erfreut. Das Wunder, in mir? Ja, liebe Ahnung. Ich denke,
du hast recht. An ganz besonderen Tagen finden wir das
größte Wunder tatsächlich in uns selbst.

Trotzdem ein Wunder

Wieder einmal hat mich ein Wunder erwischt. Es überrascht mich kaum, dass es sich zur Abwechslung wieder einmal einen Tag ausgesucht hat, an dem ich gar nicht in Wunderstimmung war. Es scheint so, als gäbe es zwischen mir und dem Macher der großen Wunder einen geheimen Pakt – »... so geheim, dass ich ihn nicht einmal selber weiß«, möchte Pumuckl, mein liebster Freund aus Kindheitstagen, lachend ergänzen. Der Pakt lautet so, dass ausgerechnet Wundertage nicht immer wunderbar beginnen.

Wunder suchen, Wunder finden. Was noch beim letzten Spaziergang ganz einfach war, funktioniert heute nicht. Nicht etwa, weil ich depressiv geworden bin. Sondern weil mich der Mechanismus der rosaroten Brille, die überall, in jedem Grashalm und jeder Pfütze ein Wunder erkennen kann, heute einfach nicht zufriedenstellt. Persönlich und auch – darf ich es so nennen? – politisch.

Gibt es Wunder, die auch in den Schatten der Welt hineinstrahlen? Das frage ich mich immer öfter, und so habe ich es mir und dem Wunder heute schwer gemacht. Ich will überrascht werden, will an ein Wunder glauben, das mich überrumpelt, mir den Kopf wäscht und etwas in mir verändert, sodass ich die Welt mit neuer, größerer Hoffnung betrachten kann, ohne mich selbst zu belügen. Ich hoffe auf Wunder, mit denen sogar Hölderlin zufrieden wäre, wenn er sagt: »Wo aber Gefahr ist, wächst das Rettende auch.«

Und so, genau so hat es mich also erwischt. Mitten in der U-Bahn, in Wien, um drei Uhr nachmittags. Zu einer Zeit, in der Freiberufler wie ich in Buchgeschäfte fahren, um etwas abzuholen, und in der ansonsten vor allem Jugendliche und junge Mütter mit quengelnden Babys ihren Weg nach Hause bestreiten. Letztere mühen sich ab, um ihr Kind bei Laune zu halten, oder sie genießen ein paar Stationen lang die Ruhe, weil das Baby endlich eingeschlafen ist.

Die Ruhe genießen. Zu meiner Schulzeit hieß das: ein paar Seiten lesen. Oder einfach zum Fenster hinausschauen, in die blinde, sausende Finsternis des U-Bahn-Schachtes.

Heute hat man Handys in der Hand. Fingernägel klickern beim Schreiben von SMS, Zeigefinger wischen hastig über Facebookseiten. Jeder sitzt über einen Bildschirm gebeugt. Computerspiele erzeugen hermetische Blasen, jene, die nicht spielen, lockt WhatsApp. Vergnügtes Pfeifen: Eine Nachricht ist da! Wer am schnellsten antwortet, gewinnt.

Ich merke, dass meine Hand intuitiv in meine Manteltasche wandert. Auch mal schnell auf die Nachrichten schauen? Nein. Ich versuche heute, dem dringenden Impuls zu widerstehen. Ich begebe mich lieber in meine eigene Blase, die sich nur vom Strom der Erinnerung speist: Als ich sechzehn war, da waren Handys noch ein Kuriosum, das man manchmal in amerikanischen Filmen sah. Erst mit fünfundzwanzig bekam ich mein erstes Mobiltelefon, das ich schon nach drei Wochen wieder verlor. Noch vor ein paar Jahren schüttelte ich den Kopf, als mir eine Freundin zum ersten Mal von dieser Seite namens Facebook erzählte. Das iPhone in meiner Manteltasche ist gerade einmal vierzehn Monate alt ...

Oh, wie schnell ist das alles gegangen! Wie wenig hat es gebraucht, um die Welt und die Art, wie wir miteinander umgehen, radikal zu verändern. Ist das nicht fürchterlich?

»Wieso?«, kichert das Wunder. Es hat sich heimlich angeschlichen, vielleicht ist es aus der Dunkelheit des U-Bahn-Schachtes durchs gekippte Fenster gehuscht. »Ist das nicht die schönste Nachricht von allen?«, setzt es mit fröhlicher Stimme fort. »Es braucht nur so wenig. Menschen verändern sich schnell, nicht über Generationen, sondern tatsächlich in kürzester Zeit.«

Die U-Bahn zischt, bleibt stehen. Bevor mein Wunder durch die Schiebetür hüpft, zitiert es noch Franz Kafka. »Es gibt keinen Weg. Was wir Weg nennen, ist nur das Zögern.« Oh.

Ich habe noch zwei Stationen. Noch einmal sehe ich mich im Wagen um und merke, dass mein Blick sich verändert hat. Schüler, Mütter, ich selbst: Sind wir in Wahrheit Botschafter dessen, was dem Menschen möglich ist?

Am Beispiel jedes Einzelnen kann man erkennen, wie schnell fundamentale Veränderung geschehen kann.

Wohin? Die Richtung liegt an uns. Die Kraft, die nötig ist, müssen wir uns nicht erst antrainieren. Wir müssen auch nicht besonders geduldig sein. Es geht schnell. Und leicht.

Als ich aussteige, pfeift es hinter mir. Ich pfeife mit. Lasse die Rolltreppe links liegen, laufe die Stufen hinauf. Meine Hände brauchen keine Manteltasche. Sie schwingen frei.

Ein Wunder mit
zwei Seiten

*M*ein Wunder, das habe ich diesmal in der U-Bahn getroffen ...« So wollte ich meine Wundergeschichte
eben beginnen. *Diesmal?*, denkt es in mir. *He! Du scheinst
ja jedes Zweite deiner Wunder in öffentlichen Verkehrsmitteln
zu finden.*

Das stimmt tatsächlich. Und es gefällt mir sehr. Weil
es mir etwas über das Wesen von Wundern verrät. Es ist
nämlich nicht so, dass ich ständig mit der U-Bahn fahre
und dabei manchmal etwas Wunderhaftes entdecke. Nein,
es verhält sich eher umgekehrt: Ich steige ein, ab und zu,
und treffe, fast immer, ein Wunder. Als hätte es schon auf
das »ChtschChtschKrxxxPling!« des Fahrkarten-Entwer-
ters gelauert, um hinter mir in den Wagen zu huschen, ehe
die Tonbandstimme »Tüüüüren schließennnn« sagt.

Warum halten sich Wunder gern in U-Bahnen auf? Ich
habe da so eine Ahnung: Was sich in U-Bahnen formiert,
ist eine Gemeinschaft auf Zeit. Menschen begegnen einander, in ihrer Masse und Körperlichkeit. Man kann
Blicken ausweichen, aber man kann, für die Dauer der

Fahrtstrecke, nicht ganz davonlaufen. Man ist den Menschen, *dem Menschen* als Wesen ausgesetzt. Sogar wenn man den Blick in WhatsApp versteckt, hört man doch die Stimmen, man spürt das »Plumps«, wenn sich jemand setzt, man ist Mensch mitten unter Menschen. Und jeder wird zum Zeugen der anderen.

Die Neugier erwacht ganz von selbst. Sie schaut, schaut hin, schaut den Menschen in Echtzeit beim Menschsein zu – und tritt in Beziehung, mit Blicken, mit einem Lächeln, einem Atemzug.

Wo hat man das noch? Begegnung ohne Verstellung, ohne den Druck, sich präsentieren oder gut darstellen zu müssen? Ich glaube: Wunder haben da eine Chance, wo nichts beschönigt, nichts vorgespielt wird. Wunder keimen gut auf dem Boden des Echten.

Am echtesten wird es, wenn Kinder in die U-Bahn steigen. Zum Beispiel: ein Mädchen, wohl fünf Jahre alt, mit seiner Mutter. Das Mädchen ist so hübsch, dass Benetton es unter Vertrag nehmen sollte. Und: Es plärrt.

»Ich *muss aber* eine Wurstsemmel haben!!!«

»Nein«, sagt die Mutter, während sie dem Mädchen eine Locke aus der Stirn streicht. »Tom wartet zu Hause mit dem Essen.«

Ist es die lustige Spannung zwischen der elfenhaften Gestalt und dem lauten Geheule, die die Blicke der Fahrgäste auf sich zieht? Oder einfach die Neugier, wie dieser Konflikt weitergeht? Es sind freundliche Blicke, die auf Mutter und Tochter ruhen.

»Aber ich verhungere! Mein Hunger ist so groß ... so groß wie die ganze U-Bahn!!!«

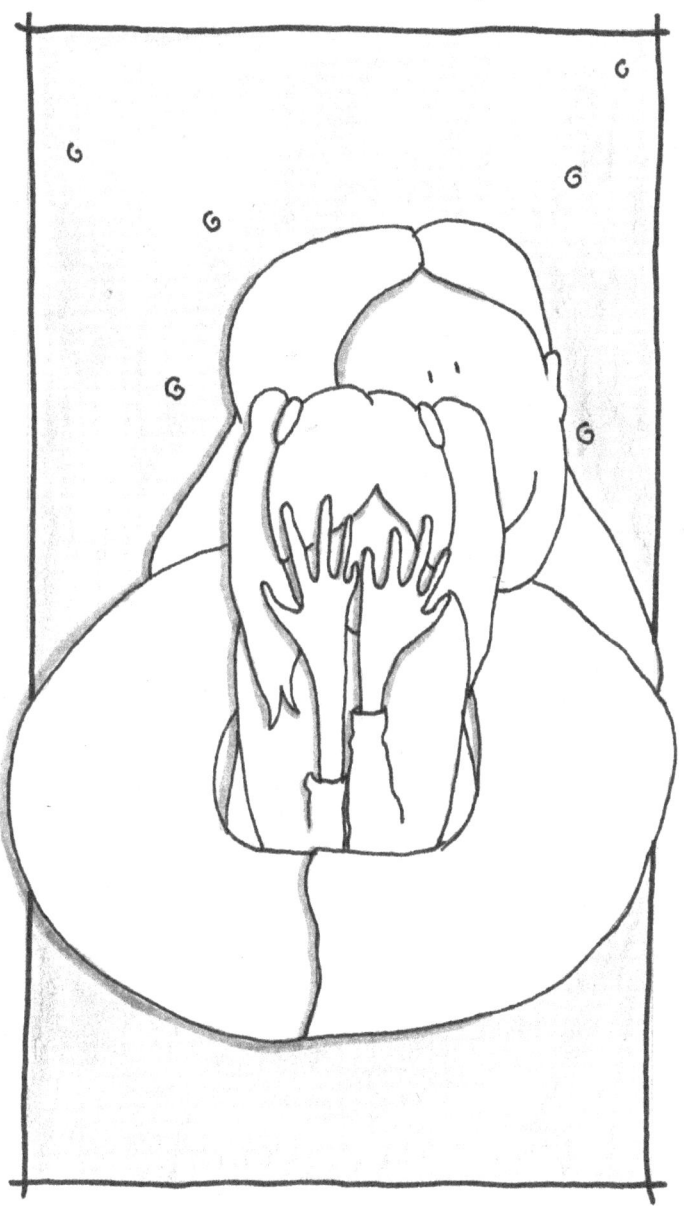

Wir, die Mitfahrer lächeln. Bekunden dem Mädchen Sympathie.

»Und was denkst du, wie es Tom geht, wenn ich ihm sage, dass du sein Essen nicht willst, weil ich dir gerade eine *Wurstsemmel* gekauft habe? Das tut man nicht. Das ist unhöflich.«

Oh, na klar. Mama hat recht. Wir lächeln ihr zu. Und wir verstehen sie, als sie ein bisschen ungeduldig wird: »Jetzt hör bitte auf, so herumzuplärren.«

Das Plärren wird lauter. Sehr laut. Kaum versteht man die Worte, die das Mädchen schluchzt: »Mama, ich muss einfach weinen. Ich kann nicht anders.«

Ich möchte sie umarmen. Am liebsten beide, Mädchen und Mutter. Ich verstehe sie beide so gut. Und ich fühle mich beschenkt: von einem Konflikt, bei dem ich mitfiebern darf, ohne auf jemandes Seite zu stehen. Zwei Bedürfnisse, gleich wichtig, gleich richtig. Hunger und Höflichkeit. Liebe und Geplärr.

Ich spüre die Wucht dieser Erkenntnis: Wunder sind größer als unser Wunsch, Position zu beziehen. Wunder sind größer als Meinung, Haltung, Partei. Wunder sind Boten der Liebe, die letztlich zu jedem Menschen sagt: Du hast auf deine Weise recht. Und ich lächle dir zu. Nicht weil ich (nur) auf deiner Seite bin. Sondern weil ich dich so gut verstehen kann.

Ein Wunder hinter vielen Fenstern

*M*orgens, wenn ich die Zahnbürste tanzen lasse und meinem Spiegelbild dabei zusehe, wie es Grimassen schneidet. Oder vormittags, wenn ich mir Tee aufgieße und mir der Duft von Bergamotte in die Nase steigt. Mittags, immer um halb eins, wenn mein Nachbarsmädchen vom Kindergarten heimkommt und im Stiegenhaus singt. Wenn sich meine Mundwinkel beim Mitsummen nach oben kringeln, während meine Laune wie ein fröhlicher Spatz mit glühenden Wangen und rotem Bauch aus dem Schaumbad des Alltags steigt.

Nachmittags ... leider nicht immer. Nicht dann jedenfalls, wenn ich mich in E-Mails verliere, nicht, wenn ich im Auto sitze oder etwas Wichtiges erledigen muss. Aber doch manchmal, zum Beispiel wenn ich es mir leiste, ein Schläfchen zu machen, wenn ich wegdöse und mich von den Schritten meines Mannes, vom Klappern des Geschirrs und der Nachrichtenstimme aus dem Radio in den Schlummer begleiten lasse. Dann, wenn ich seufze vor Glück, im Wissen: Jemand ist da, jemand lebt, und alles ist gut.

Wie oft am Tag werden Sie noch zum Kind? Gibt es Kindheitsinseln im Fluss Ihrer Zeit? Und gibt es da auch diese Momente, in denen das Kind, das Sie selbst einmal waren und immer noch sind, Sie ganz unvorbereitet umarmt?

Ein solcher Moment ist mir vor einigen Tagen passiert, als ich mein Auto zum Service brachte, in der blauen Dunkelheit eines Spätnachmittags. Die Werkstatt, in der ich mein Auto pflegen lasse, liegt an einer Kreuzung, die wir in meiner Kindheit fast täglich passierten, wenn mich meine Mutter mit dem Auto in den Kindergarten fuhr. Seit ich erwachsen bin, komme ich nur zweimal im Jahr hier vorbei, eben nur dann, wenn mein Auto seinen Reifenwechsel und einen Service braucht.

Im Sommer beschäftigt mich auf diesem Weg vor allem der Verkehr, der da, kurz vor der Werkstatt, immer ein ausgiebiges Nickerchen einlegt. Da glühen Motoren, da blitzen Blicke, da zucken die Blinker. Keiner mag an der Ampel warten, man will doch heim, Sonnenstrahlen fangen, Würstchen grillen. In den kühleren Jahreszeiten ist das anders: Das Auto ist warm, die Radiostimme vermittelt Behaglichkeit und der Fahrersitz ist herrlich weich – gut, um sich auszuruhen, wenn die Blechkolonne und mit ihr die Zeit zum Stillstand kommt, und ein wenig innezuhalten.

Ich habe mir also Zeit genommen, zum Fenster hinausgeschaut, und da, plötzlich, hat mich meine Kindheit erwischt. Denn da sah ich ihn wieder. Er stand noch da, wie in den alten Tagen. Er: der Gemeindebau, dieser heiß geliebte Augenschmaus meiner kindlich lebenshungrigen, nachmittäglichen Fantasie.

Damals war der Bau noch einzigartig in dieser Gegend. Ein Betonhaus mit achtzehn Stockwerken und achtzehn mal dreiundzwanzig Fensterreihen. Oberflächlich besehen ein hässlicher Klotz. Für mich als Kind jedoch: ein Zuhause, für hunderte Menschen, die ich persönlich zu kennen glaubte – ich sah ja genau in ihre Wohnungen hinein.

Ich kann mich an einen Tag erinnern, als wir im Dunkel des Winters, wohl zum hundertsten Mal, um die Kurve bogen und an der Ampel hielten. Zum ersten Mal schaute ich damals bewusst in die erleuchteten Fenster der Gemeindewohnungen.

Morgens, als mich meine Mutter in den Kindergarten gebracht hatte, waren diese Fenster noch blind gewesen. Doch jetzt, am Abend, entdeckte ich hinter jedem Einzelnen ein einzigartiges, leuchtendes Universum.

»Mama, schau, die Wohnungen sind alle gleich, aber jeder hat sie ganz anders eingerichtet«, quiekte ich und wollte mich gar nicht sattsehen an der Fülle der Vorhänge, Topfpflanzen, Kücheneinrichtungen, Bücherregale, Wohnzimmerlampen und Wandfarben in Weiß, Pastell, Rostrot und Grün.

Nun, vor ein paar Tagen, stand ich also wieder an der Kreuzung mit dem Gemeindebau, und wie damals als Kind war ich enttäuscht, als die Ampel den Weg freigab, viel zu früh für meinen staunenden Blick.

Ach: Ich liebe es so, ins wohnliche Licht einzelner Leben zu schauen, wann und wo immer es geht. Was mich daran fasziniert? Ist es vor allem die Vielfalt – oder noch mehr der Glaube daran, dass jede einzelne Wohnung mit Liebe zu einem Zuhause gemacht wurde? Dass jeder

Mensch auf seine ganz eigene Weise, aber doch verlässlich, Wandfarben und Möbel auswählt und irgendwann wirklich zu wohnen beginnt?

Vielleicht liegt das Wunder meines blauen Nachmittags darin: dass ich erkannte, dass ich mich zwischen dem, was uns einzigartig macht, und dem, was uns in Wahrheit verbindet, gar nicht entscheiden muss. Denn beides macht den Menschen aus, und beides zugleich ist unendlich liebenswert.

Wunderinventur

Wunder suchen, Wunder finden. Es ist nun schon eine ganze Weile her, dass ich zum ersten Mal auf Wundersuche gegangen bin. Meistens ging es mit dem Finden sehr schnell. Wenn ich heute in meiner Wunderschatzkiste krame und die vergangenen Monate meines Experiments Revue passieren lasse, stelle ich fest: Die kleinen Wunder der ganz normalen Welt warten offenbar nur darauf, gefunden zu werden.

Manchmal kommt es mir so vor, als hockten sie hinter jeder Ecke, wie Kinder, die Räuber und Gendarm spielen. Sie halten den Atem an, mucksmäuschenstill (ab und zu passiert es ihnen, dass sie kichern müssen). Habe ich erst einmal eines entdeckt, springen andere scharenweise hervor. Jubelnd rennen sie los, stürmen auf mich zu, umfassen mich mit lebendiger, lachender Wunderkraft.

Wunder zu finden ist meistens nicht schwer. Ich habe sogar festgestellt: Wenn man ein bisschen Übung bekommt, wird es bald schwierig, irgendetwas zu entdecken, das *kein* Wunder ist.

Für mich ist es heute an der Zeit, eine kleine Wunderinventur zu machen und mich zu fragen: Was ist das eigentlich genau – dieser Stoff, aus dem die Wunder sind? »Wunder«, ist das eine bestimmte Begebenheit? Eine Eigenschaft? Ist das Wunder ein gewisses Etwas, eine Tür, die sich überraschend öffnet, oder eine Brille, durch die man schauen kann?

Müsste ich eine Definition formulieren, so würde ich heute sagen: Ein Wunder, das ist ein Moment der wahrhaftigen Begegnung zwischen mir und der Welt. Ein Moment, in dem ich die Welt nicht anschaue, als wäre sie außerhalb von mir. Ein Moment, in dem ich zulasse, dass irgendetwas aus dieser Welt mich tatsächlich berührt, überrascht und auf ganz neue Gedanken bringt.

Um ein Wunder zu entdecken, braucht es, so denke ich, zweierlei. Erstens: Ich muss aufmerksam sein, meinen Blick scharf stellen und nicht nur auf das schauen, woran ich schon gewöhnt bin.

Und zweitens: Wunder verändern nicht nur Alltagsaugenblicke, sie verändern vor allem mich selbst. Um ein Wunder zu finden, muss ich bereit für diese Veränderung sein. Bereit, aus Kopfautobahnen, bequemen Denkroutinen und dem Trott der Alltäglichkeit auszusteigen. Ein Wunder ist ein Geschenk, aber mehr noch ein Aufruf: Gib der Welt und dir selbst immer wieder die Chance, auf neue Weise geboren zu werden.

Die meisten Wunder marschieren nicht mit Pomp und Trara einher. Meist schlafen sie in einem zarten, winzigen Keim. Wenn der Blick eines Menschen einen Wundersamen jedoch im zähbraunen Matsch des Alltags aufspürt, schießen andere schnell kraftvoll ins Kraut. Und kaum beginnt die Sonne der Zuwendung in einem Gesicht zu

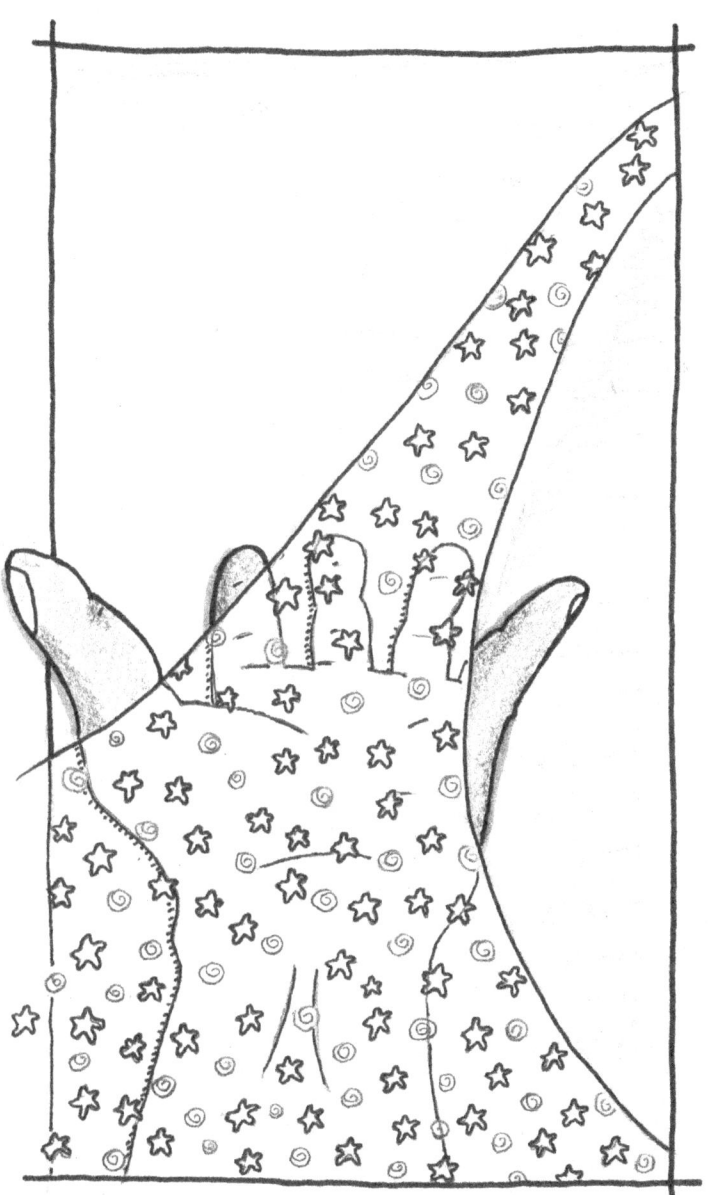

strahlen, überrascht das keimende Wunderpflänzchen mit herrlich üppiger Blütenpracht. Dann müssen wir nur noch einatmen und uns anrühren lassen, von dem, was uns unverhofft entgegenkommt.

Im Verlauf meiner bisherigen Wundersuche habe ich festgestellt, dass die Tür zwischen mir und der Welt immer freier zu schwingen beginnt. Die Beschäftigung mit den kleinen Wundern des Lebens hat die Angeln geschmiert und den Türstock gehobelt. Heute öffnet sich die Tür leicht, nach außen – aber auch nach innen, dorthin, wo die Welt auf mich trifft.

Natürlich sind es nicht immer nur rosarote Wunder, die da hereinspazieren. Wenn die Welt zu Besuch kommt, ist das Risiko inbegriffen. Schmerz, Ärger, manchmal auch Verzweiflung und Wut, so heißen die Nebenwirkungen der unvoreingenommenen Offenheit. Ich frage mich neuerdings: Muss ich, darf ich immer auf freudig fröhliche Überraschungen hoffen, wenn ich nach Wundern suche? Sind Wunder stets in Zuckerwatte verpackt, knisternd und süß? Was hat das Wort »wundern« denn ganz genau mit dem Prinzip des Wunders zu tun? Wird es mir gelingen, auch in dem, worüber ich mich kopfschüttelnd wundere, ein Wunder zu entdecken – etwas Neues, etwas, das mich berührt und ein klein wenig verändert?

Ich freue mich, schon bald wieder auf Wundersuche zu gehen, vielleicht an einen Ort, an dem ich kein Wunder erwarten würde. Bis dahin wünsche ich Ihnen, mir und der Welt eine zauberhafte Zeit und eine große Portion knisternde Zuckerwatte auf dem nächsten Rummelplatz.

Wunder ohne Worte

Wer suchet, der findet. Oh, das stimmt. Ich persönlich suche ja ganz schön viel. Schlüssel zum Beispiel oder Sonnenbrillen, Dateien im Computer …

Wenn etwas gar nicht auftauchen will, bitte ich manchmal den heiligen Antonius um Hilfe. Der hat schon meiner Großmutter geholfen, damals, als sie ihr einziges, dickes Sparbuch verlegt hatte und es prompt auf Seite neunundvierzig der »Frau im Spiegel« wiederfand.

Was mich angeht, so hat Antonius neuerdings einen Vollzeitjob an meiner Seite. Obwohl ich ihn gar nicht explizit bestellt habe. Aber – ich habe tatsächlich noch nie so viel gefunden wie in letzter Zeit. Ich finde, finde, täglich, andauernd. Was? Wunder! Und zwar überall.

Heute ist wieder einmal ein Tag, an dem mich eine neongrüne Markierung in meinem Kalender daran erinnert, ein Wunder zu finden, über das sich schreiben lässt.

Sie wissen schon, dass ich es mir bei meiner Suche nicht ganz einfach machen will. Warum eigentlich? Wäre es nicht genug, Ihnen vom Wunder eines rotbackigen Frühstücksapfels zu erzählen, von seiner rosengrünen Süße, dem leckeren Knacken der Schale beim ersten Biss, der perfekt gerundeten Form, die wie zufällig so gut in meine Hand passt? Oder von der funkelnden Freude, die mich gestern überraschte, als ich eine Freundin, die ich gerade anrufen wollte, plötzlich auf der Straße traf?

Die kleinen Wunder des Alltags, ja, ich denke, ich werde noch viele Gelegenheiten haben, sie zu genießen und zu beschreiben. Und doch … habe ich mir für heute etwas anderes in den Kopf gesetzt.

Sind Wunder nur dort zu finden, wo es genussvoll und freundlich ist? Das frage ich mich immer wieder. Deshalb habe ich beschlossen, das Wunder und mich heute einmal auf die Probe zu stellen. Ich will ihm dahin entgegengehen, wo ich es am wenigsten erwarte.

Als ich vor das Haustor trete, weiß ich nicht, wohin. Rechts oder links? Beide Richtungen sind mir vertraut. Warum also nicht geradeaus? Geradeaus, da läuft kein Weg. Da ist nur ein Einfahrtstor, es führt in einen backsteingepflasterten Hof.

Angeblich wohnt hier ein alter Nazi, das ist alles, was ich weiß. Ich folge meiner Nase. »Wunder, bist du hier?«, flüstere ich. Ich hoffe, dass mich niemand hört. »Ein Wunder«, das wäre wohl keine sehr willkommene Antwort auf die Frage, was ich hier zu suchen habe.

Kurz darauf bin ich schon mit ein paar Wundern beschenkt: Ich habe drei alte knallrote, sehr sympathische Löscheimer entdeckt. Ich weiß jetzt, dass zehn Meter von meinem Haustor ein Baum voller Nüsse steht. Und ich habe einen neuen Nachbarn: den Hof. Ich denke, ich werde ihn öfter besuchen kommen, jetzt wo wir einander kennen.

Und ich weiß jetzt auch, wohin ich will: Gleich ums Eck, da gibt es einen Park mit Spielplatz und Fußballkäfig. Sammelpunkt für Obdachlose und Teens aller Nationen. Ein Freizeitgetto, an dem ich für gewöhnlich schnell vorübergehe.

Schon da. Ich setze mich auf die erstbeste freie Bank. Ein paar Meter neben mir hat ein Mann in Lumpen sein Picknick ausgebreitet. »KRAWIRR« ... der Fußballkäfig zittert, als ein Ball gegen das Gitter fliegt.

Ja, es sind Fremde, Außenseiter, die hier ihren Nachmittag verbringen. Punks, Paschas und Clochards. Niemals hätte ich mich freiwillig in diese bunte Schar gesetzt. Doch seltsam: Unter ihnen, die mir fremd sind, fällt es mir leicht, durchzuatmen und die Zeit einfach einmal vergehen zu lassen.

Und das Wunder? »Such mich nicht. Lass dich lieber von mir finden«, scheint es zu raunen. Ich widerstehe dem Drang, mich umzuschauen. Ich atme die Stimmung ein, die über dem Park liegt. Ich höre den Fußballspieler lachen, er umarmt seinen Freund, ruppig, aber voll Zuneigung. Ich bewundere die appetitliche Anordnung der Speisereste auf der Bank neben mir. Serviette, Brot, Käse, ein Glas Wein – alles da, der Clochard hat seinen Tisch mit Liebe gedeckt.

Ich schaue zur Sandkiste, wo ein afrikanisches Mädchen mit einer kleinen Türkin schaukelt. Die Mütter, einander fremd, lächeln sich an. Auch ich ernte einen Gruß.

Die Zeit vergeht schnell, obwohl sie schlendert, beinahe steht. Ich spüre: Ich trage ein Wunder in mir, ein zartes. Eines, das ich noch nicht benennen kann, fremd und vertraut zugleich. Menschlich, warm, so fühlt es sich an.

Ich gehe nach Hause. Mein Wunder geht mit mir, es wird wohl noch eine Weile bei mir bleiben. Auch diesmal, lieber Antonius, hab Dank für deine Hilfe.

Großes kleines Wunder

*I*ch kann es heute nicht zurückhalten: Wunder. Wunder hier, Wunder da. Prächtige Wunder überall!

Wenn der Sommer endlich da ist, wenn er morgens seine Arme ausstreckt, als wäre er eine italienische Mama, die nach Blumen, Speck und reifen Tomaten riecht, wenn uns der Mittag heiß umarmt, bis wir fast keine Luft mehr bekommen, und wenn der Abend das Lied der tausend Vögel singt, dann fällt es wirklich nicht schwer, diese wonnige Welt als ein einziges Wunder zu betrachten. Dann möchte man tanzen, wirbeln, spazieren laufen.

Was braucht es da noch an Worten? Und wie soll man da nur ein einzelnes Wunder herauspicken aus der Pracht, von der man gar nicht genug bekommen kann, jetzt, wo es endlich duftet und dunstet, wo das Herz wie eine lustige Heuschrecke über dem bebenden Zwerchfell hüpft?

Wie gut, dass mich der Wiener Morgenverkehr in die Falle lockte. Wie gut, dass ich fade zwanzig Minuten lang an derselben Ampel im Stau stehen und mit glasigem Blick vor mich hinstarren durfte. Meine Augen zählten Zebrastreifen, als wären sie Schäfchen. Es gab nichts zu tun. Nur warten, bis die Kolonne sich dazu bequemte weiterzurücken, zwei Zentimeter, schon sprang die Ampel wieder auf Rot. Und mein Wunder?

Es tapste schon heran. Da ging, mit aufmerksamem Blick, eine Kindergärtnerin. Hinter ihr zwanzig Zwerge, mit gelben Schirmkappen, in Zweierreihe. Das Schlusslicht bildete die zweite Kindergärtnerin, die die sonnigen Mützchen und ihre kleinen Besitzer herrisch vorantrieb.

Mein Wunder hatte keine Ohren für diesen Appell. Es brauchte auch gar nicht zur Eile gerufen werden, es hüpfte ja von selbst, schwerelos, sorglos. Es hüpfte vor Glück, da klappt das mit dem Vorwärtskommen ganz von allein.

Mein Wunder: blonde Locken, die munter aus der Schirmkappe sprudelten. Eine neongelbe Warnjacke, genau wie die der anderen kleinen Kollegen. Doch das Leuchten der Weste war gar nichts, verglichen mit dem Leuchten in den Augen des kleinen Mädchens, das da ganz vorn in der Reihe, gleich hinter der Kindergärtnerin spazierte – ihre Hand in der Hand eines ernsthaften, großen Jungen vergraben.

Er: der Größte in der Gruppe. Beinahe schon ein Schulkind.

Das Mädchen platzte fast vor Stolz, vor Zufriedenheit, vor Ehrfurcht vielleicht, als der große Junge ein paar Worte zu ihr sagte und sie dabei warmherzig ansah. Es müssen freundliche, liebe Worte gewesen sein. Kein Gag, keine Pointe, nein: Seine Worte waren offen, direkt an das kleine Mädchen gewandt.

Das Wunder eines Augenblicks. Das Wunder echter Beziehung, von Mensch zu Mensch, von Kind zu Kind. Von einem, der am Nachmittag sicher lieber mit seinesgleichen spielte, zu einer, die es sichtlich genießt, an der Seite des Großen zu gehen und so nette Worte geschenkt zu bekommen.

Wie kostbar ist mir dieses Wunder. Kostbar, weil ich ahne, dass vielleicht schon nach Ablauf dieses Sommers der innige Zauber zwischen dem Jungen und dem kleinen Mädchen an Kraft verlieren wird. Bald wird man sich trennen, wird die Hand des Großen sich wehren, die andere, die um so viel Kleinere zu beschützen. Bald wird der eine »cool« und die andere ein »Määädchen« sein. Bald wird die Kleine begreifen müssen, dass ihr Glück des heutigen Tages keine Selbstverständlichkeit ist.

Ich frage mich, ob es in meinem Leben noch solche Wunder gibt. Ob es Menschen gibt, die mir über die Grenzen des Alters, des Wissens, des Standes hinweg einen Blick und ein paar echte Worte schenken, als würde ich ganz selbstverständlich zu ihnen gehören, auch wenn wir beide wissen, dass das nicht stimmt. Ich frage mich, wann ich selbst zuletzt Zuwendung und eine Handvoll lieber Worte verschenkt habe, an jemanden, der »kleiner« oder ganz anders ist als ich.

Es gibt Wunder, die machen traurig, weil sie an Zeiten erinnern, in denen das Leben weicher, weiter, größer war als jetzt, da ich erwachsen bin. Solche Wunder betrüben mich, doch sie erfüllen mich auch mit Kraft: Sie machen mich bereit für die mutige Überwindung von Grenzen, die ohnehin bloß im Kopf und ganz bestimmt nicht im Herzen existieren.

Ich, die Kleine, ich, die Große. Ich danke meinem Wunder für die Erinnerung an die einfachste, größte

Übung der Menschlichkeit: das Verschenken von Zuwendung, großzügig wie der nährende Sommer.

Und jetzt? Mit kräftigem Grashüpfersprung hinein: ins Leben, in Beziehung, in den nächsten sich bietenden Augenblick, in dem ein anderer Mensch sich wundern wird, weil ihm von einer, die ein Wunder erleben durfte, überraschend vorbehaltlose Zuwendung ganz ohne Grenzen widerfährt.

Intermezzo: Worte wie Gold und Sonntag

Was Poesie kann und warum wir sie so dringend brauchen

Was mache ich hier eigentlich? Natürlich, ich weiß es schon. Ich schreibe. Und zwar über etwas, das mir derzeit in meinem Leben wichtiger scheint als alles andere, worüber ich schreiben könnte.

Ich schreibe aufgrund einer gewagten Idee, die ich erst vor wenigen Tagen geboren habe und vor der ich jetzt, noch bevor ich sie umzusetzen versuche, beinahe kapituliere. Traue ich mich trotzdem? Ja, ich will. Was? Schreiben natürlich! Über die transformierende, die heilende und alles verändernde Kraft der Poesie. Und darüber, warum die Welt in meinen Augen nichts nötiger braucht als den poetischen Blick, den poetischen Verstand – und Menschen, die in der Lage sind, sich ganz selbstverständlich, ohne zu zweifeln, als poetische Wesen zu verstehen.

Warum ich das mache? Nun, ich mache es nicht, weil es an der Zeit ist, mein jahrelang angestautes theoretisches

Wissen über dieses Thema endlich einmal zu Papier zu bringen. Ich mache es auch nicht, weil ich ohnehin Übung darin habe, Themen philosophisch oder analytisch zu diskutieren. Was mich antreibt und meine schreibenden Finger in Bewegung hält, ist einzig und allein eine vage Hoffnung. Die Hoffnung, dass das, was ich zu sagen habe, nicht schwer zu verstehen und so naheliegend ist, dass wir uns alle – ich nach dem Schreiben, Sie nach dem Lesen – bald mit der Hand auf die Stirn schlagen und uns fragen: »Wie konnten wir das nur die ganze Zeit vergessen?«

Was ich im Grunde sagen will, habe ich also schon verraten: Das, was wir Menschen in der Welt tun, kann auf Dauer nicht gut gehen ohne Poesie. Poesie ist das, was in vielen Bereichen unseres Lebens fehlt, was verloren gegangen ist und dringend gebraucht wird, obwohl – oder gerade weil – viele von uns es möglicherweise gar nicht mehr vermissen.

Wie ich zu dieser Überzeugung gekommen bin? Zum einen, weil mein eigenes Leben fundamental verwandelt wurde. Im Außen durch den plötzlichen Tod meines Mannes und meiner Kinder bei einem Unfall – ein existenzielles Erlebnis, das weder an meiner Seele noch an meiner Sicht der Welt spurlos vorübergehen konnte.

Die darauf folgende innere Verwandlung vollzog sich behutsam, aber so nachhaltig, dass ich mich heute gar nicht mehr anders als durch dieses Erlebnis vollständig begreifen kann.

Im Zentrum meiner bis heute anhaltenden Metamorphose stand, ohne dass ich es mir ausgesucht hätte, von Anfang an die Poesie: Es war vor allem die bewusste, sorgfältige Wahl meiner Worte, die, das merkte ich bald, über Glück und Unglück, Kraft oder Zusammenbruch entschied. Schon in den ersten Wochen meiner Krise erkannte ich, dass ein einzelnes Wort, je nachdem, welches man wählt, die ganze Welt in graue Farbe tunken oder goldhell überstrahlen kann. Ich lernte, dass ich niemals nur eine einzige Möglichkeit habe, meine Geschichte zu erzählen. Dass ich Worte wie Goldfäden schmelzen, verknüpfen und verweben kann. So lange, bis alles stimmt, bis es wahrhaftig ist und sich wahr anfühlt, in einem Sinn, der weit über meine momentane Befindlichkeit und Stimmung hinausweist.

Seit ich begonnen habe, Worte zu gestalten und mit Worten zu spielen, kräftigt sich eine Gewissheit, die sich aus Erfahrung speist: Die Worte, die ich verwende, um meine Gedanken auszudrücken, beeinflussen ihrerseits auch ihre Quelle. Das, was ich denke, wie ich mich sehe, ja, sogar wie ich die Welt wahrnehme, hängt davon ab, mit welchen Worten ich mich und die Welt beschreibe.

Worte und Gedanken: ein wechselseitiger Dialog. Es gibt kaum ein machtvolleres Werkzeug, um unsere Welt zu verändern. Kaum einen wertvolleren Gegenstand als ein Blatt Papier, auf dem sich schwarze Symbole zu etwas fügen, das Bestand haben wird.

Meine Erfahrungen vertiefen und bestätigen sich da, wo ich mich heute als Leiterin von Schreibseminaren mit anderen Menschen auf die Suche nach ihrem Ausdruck, ihrer Botschaft, ihrer subjektiven Wahrheit mache. Aus dem Rohmaterial der Alltagssprache etwas zu formen, das plötzlich »ganz ist«, das Kraft ausstrahlt und Gültigkeit hat, macht glücklich. Und stark fürs Leben.

Wo Stifte übers Papier fliegen, werden bald auch die Stimmen voller, und die Herzen fließen über, zu den anderen, hinein in die Welt, die auf einmal aus Millionen zauberhafter Einzelheiten zu bestehen scheint und doch zugleich ein rundes Ganzes ergibt.

Das Gefühl für das Ganze, in liebevoller, achtsamer Wertschätzung jedes Details, das ist es, was ich jenseits aller Wortkunst unter Poesie verstehe. Poesie ist ein Zustand der hingewandten Liebe zur Welt – kein »positives Denken«, keine Brille mit rosarotem Filter, die alles ausblendet, was nicht passt.

Poesie ist die Fähigkeit, auch scheinbar Widersprüchliches zusammenzufügen und zu versöhnen. Poesie behauptet nicht, alles zu können. Im Gegenteil: Sie weiß, dass ihre Mittel begrenzt sind, und kalkuliert den riesigen leeren Raum der Unsagbarkeit mit ein.

Poesie ist nicht der Weisheit letzter Schluss, sondern ihr Anfang, ihr zärtlicher Anstoß. Das Bekenntnis des Menschen, dass er aus nichts anderem als aus Begrenzung besteht, in seiner Fähigkeit zu sehen, zu hören, sich auszudrücken. Und zugleich sein Hoffen darauf, dass sich das, was unsagbar ist, nach und nach doch erschließen kann. Nicht im Verstand. Sondern da, wo sich Zeit und Stille wie samtene Tücher über die unfertigen, unvollkommenen Worte legen und auf einmal, über Nacht, vielleicht im Traum, neue Bilder und Einsichten hervorzaubern.

Auf Poesie zu vertrauen heißt vor allem, das Warten zu lernen. Und sich mitunter auf Worte, Gedanken und Ideen einzulassen, die man erst einmal selbst nicht versteht.

Ich übe mich immer wieder in einer der ungefährlichsten und zugleich schwersten Etüden in der Kunst der Offenheit: ein Gedicht suchen, das mich abstößt, weil es mir langweilig scheint oder mir nichts sagt. Gerade dieses Gedicht auswendig lernen – »learn it by heart«, wie es die englische Sprache so treffend nennt. Und dann: warten. Sonst nichts. Warten, bis sich der wesentliche Sinn der Worte erschließt.

Wie oft schon habe ich mir selbst bewiesen, wogegen mein Verstand bis heute rebelliert: Krampfhaftes Nachdenken reicht nicht aus, wenn es um das Ganze, um größere Wahrheiten und um Versöhnung mit dem Fremden, Unverstandenen geht. Das Getriebe unseres Intellekts mit all seinen kleinen, gut geölten Zahnrädern mag schnurren, so fleißig es will. Unsere Intelligenz verschafft uns Befriedigung, macht uns stolz, lässt uns strahlend neuen Erfolgen entgegenziehen. Doch kein geöltes Zahnrad und auch nicht das klügste, durchdachteste Argument der Welt kann uns jemals das Gefühl schenken, das eine Babybürste in unserem Nacken, der Duft einer Rose in unserem Herzen und das Wort »Sonntag« in unserer Seele hinterlässt.

Wenn ich mir wünsche, die Poesie möge wieder Einzug halten in unsere Welt, so wünsche ich mir vor allem Menschen, die bereit sind innezuhalten. Die Dingen auf den Grund gehen wollen, ohne sie sofort zu kategorisieren oder zu bewerten. Menschen, die wissen, dass alles, was geschieht, und jedes Wort, das jemand sagt, nicht mehr ist als das Ringen um Ausdruck angesichts dessen, was im Grunde sprachlos macht.

Ich wünsche mir Menschen, die bereit sind, auch das Ungesagte, vielleicht sogar das Unsagbare zu ergründen, statt ihre Welt und ihre Urteile einzig auf das zu bauen, was jetzt im Augenblick sichtbar, hörbar und beweisbar ist.

Manchmal frage ich mich, was geschehen würde, wenn wir uns ein Jahr lang einfach nur ruhig hinsetzen würden, um der Welt, der Natur, den Menschen neben uns beim Existieren zuzusehen. Würden wir am Ende dieses Jahres klüger sein? Ich weiß es nicht. Aber ich glaube zu ahnen, dass die Fragen, die uns beschäftigen würden, um vieles liebevoller, weiter und offener wären als die, die wir uns heute stellen.

Nur sitzen und schauen, ein Jahr lang, das können wir uns vermutlich nicht leisten. Wir müssen und dürfen uns damit zufriedengeben, im Kleinen zu beginnen und die Poesie da ins Leben einzuladen, wo es ganz leicht gelingt. Vielleicht ist das ohnehin besser so, denn auch die Poesie selbst verzichtet ja auf das Extrem und setzt lieber auf Zwischentöne. Zum Wortgenie werden müssen wir dabei nicht unbedingt. »Dichten« und »Poesie« sind Geschwister, doch das eine Wort kommt von »reden« (*dicere*) und das andere von »erschaffen« (*poésis*) im Allgemeinen.

Machen wir uns bewusst, wie wenig es braucht, um Stimmungen zu erschaffen. Im Guten wie im Schlechten: Eine Geste, ein bestimmtes Wort, ein bewusst gewähltes Accessoire verändern so viel, vielleicht unseren ganzen Tag und auch den unserer geliebten Menschen.

Bringen wir die Welt, nach der wir uns sehnen, zum Schimmern, indem wir Goldfäden spinnen, wo es geht.

Fragen wir uns: Wenn das hier, alles rund um mich, das Paradies wäre, was würde ich jetzt tun, weil es ganz naheliegend und einfach wäre? Und dann: Tun wir es einfach. Wir werden bemerken: Ein einzelner poetischer Akt lässt uns aufmerksam werden für tausend andere Winzigkeiten, die schon lange da sind und ohnehin nur darauf warten, von uns gesehen zu werden. Ein einzelnes zauberhaftes Wort, das wir aus dem verstaubten Kämmerchen holen und neu polieren, lässt uns womöglich auf andere, liebe Worte aufmerksam werden, vielleicht aus Mündern, aus denen wir es nie erwartet hätten.

Auf poetische Weise das Auto putzen, das Frühstück zubereiten, die Wohnungstür schließen, den nächsten Eintrag im Kalender gestalten. Sie wissen, wie das gehen könnte. Stimmt's? Ich zweifle nicht daran, denn der Mensch ist ein poetisches Wesen ebenso wie ein Ausbund an Intelligenz.

Es ist Zeit, die Waage unserer Prioritäten aus ihrer Schieflage zu befreien. Es ist Zeit, die Babybürsten und Rosen und auch uns selbst im Spiel mit der Schönheit zu ehren, weil all das, wenn wir es nicht vermasseln, länger bestehen wird als jedes noch so intelligente oder praktische Gerät.

»Es ist Zeit, dass es Zeit wird«, sagt Paul Celan, einer der größten Poeten der Moderne. »Im Spiegel ist Sonntag«, das sagt er auch, im selben Gedicht. »Poesie liegt zum Beispiel hier, in der Spitze meines Zeigefingers.« Das sage ich. Und freue mich auf alles, was jetzt gleich, im Namen der Poesie, geschieht.

Wunder auf den zweiten Blick

Wenn es da so eine gäbe. So eine … sagen wir: eine, die ganz und gar für Sie da wäre, ohne jeden Kompromiss. Eine, die immer dann umgehend zur Stelle wäre, wenn Sie sie brauchten. Die immer hundertprozentig zu Ihnen hielte. Immer Lösungen wüsste. Nie müde würde, für Sie einzustehen, ja: bereit wäre, die letzten Energiereserven zu aktivieren, um für Sie in die Bresche zu springen. Wenn sie, diese eine, dann auch noch die richtigen Worte hätte: laute, klare Worte; unerschrockene Worte für Ihre Not, für das, was Ihnen fehlt – und auch für das, was Sie unbedingt von sich weisen müssen. Wenn sie stark wäre wie eine Bärin. Und loyal wie ein Cockerspaniel, schnell wie ein Wiesel, ausdauernd wie ein Kamel.

Wie könnten wir sie nennen? Beste Freundin? Schutzengel? Gute Fee? Oh, wenn es so eine wie sie nur tatsächlich gäbe: Wäre das nicht ein Wunder?

Und ist es nicht ein Wunder, dass es sie tatsächlich gibt? Ja! Wir alle kennen sie. Wir alle haben sie. Wir wissen aus Erfahrung, wie nah sie ist, was sie kann und wie schnell sie uns zu Hilfe springt. Aber seltsam: Kaum jemand von uns würde sie tatsächlich als Wunder bezeichnen.

Verwunderlich: Die wunderbare Kumpanin ist den meisten von uns gar nicht willkommen. Wenn sie erscheint, fühlen wir uns eher gestört. Atmen, zählen bis zehn, um sie zum Verschwinden zu bringen, nennen sie »negativ«. Und sind froh, wenn sie wieder fort ist.

Mir ging es bis vor Kurzem ebenso. Ich wollte nichts zu tun haben mit so einer wie ihr, die dafür sorgt, dass mir mein Herz bis zum Hals schlägt, und die viel lauter, klarer und deutlicher für mich einsteht, als ich mich das selbst jemals trauen würde. Einer, die so loyal zu mir ist, dass es mich selbst richtig erschreckt, wollte ich lieber nicht zu nahe kommen. So habe ich gedacht.

Ihr letzter Besuch, jener, der vieles veränderte, liegt gar nicht lange zurück. Es war spätabends, ich fühlte mich gerade schlecht. Hilflos und stumm, ungerecht behandelt, übergangen, von einem, dem ich es nicht zugetraut hatte. Und da war sie schon, wie immer in solchen Situationen. Ich hatte schon mit ihr gerechnet, wollte sie aber nicht bei mir haben, ging lieber schlafen und hoffte, dass sie sich von selbst wieder verziehen würde. Aber sie blieb. Blieb die ganze Nacht. Und da ich ohnehin nicht schlafen konnte, hatten wir Zeit für ein Gespräch.

»Es ist doch alles so einfach. Du hast recht, du bist im Recht, du darfst es sagen und du darfst wollen, was du willst.« Sagte sie. Und sagte damit genau die Worte, die ich doch so gern gehört hätte, die ich anerkannt wissen wollte und so sehr vermisst hatte. Warum nur wollte ich eben diese Worte von ihr nicht annehmen? Mein Herz schlug im Rhythmus der Wanduhr, nur doppelt so schnell. »Ich habe Angst. Hörst du es nicht, mein Hasenherz?«, fragte ich. »Ich mag es nicht, wenn es so schlägt. Das tut es nur, wenn du da bist. Bitte verschwinde!«

Sie, die treue Freundin, legte sich stattdessen zu mir. Schlüpfte unter meine Decke, ich konnte spüren, wie sie ihre Hand auf meine Brust legte. »Ich mag es, dein Herz«, flüsterte sie. »Hör ihm genau zu. Spürst du es nicht? Es ist kein Hasenherz! Hör doch, wie kräftig es ist. Es schlägt für dich, es steht für dich ein, mit all seiner Kraft.« *Heldinnenherz*. Das war das letzte Wort, das ich hörte, ehe ich einschlief.

Als ich aufwachte, war meine Schutzengelfreundin verschwunden. Oder doch nicht? *Wo ist sie eigentlich, wenn sie nicht da ist?*, fragte ich mich – und spürte mein Herz, das immer noch kraftvoll schlug, immer noch schneller als sonst, mich aber nicht mehr erschreckte. Ich stellte mir vor, dass meine gute Fee laut singend in einer Herzkammer saß und jeden einzelnen Herzschlag mit kleinen Fußtritten unterstützte.

Heute denke ich, sie wohnt in mir. Als externe Freundin muss sie nur erscheinen, wenn ich vergesse, für mich einzustehen. Wenn ich mein Herz vor mir selbst verschlossen habe. Dann wird sie groß, zu groß für ihren Lieblingsplatz im Herzkämmerlein. Dann muss sie ausziehen. Muss laut werden und mir helfen, mich nicht selbst zu überhören.

Ich finde sie mittlerweile wunderbar, auch wenn es selten gemütlich ist, wenn sie erscheint. Dankbar nehme

ich heute ihre Hilfe an. Dankbar empfange ich die kleinen Fußtritte, die sie mir und meinem Herzen erteilt. Sie
fordern mich auf, für mich einzustehen, auch wenn es
bequemer wäre zu schweigen. Sie schenkt mir die nöti-
ge Energie, um erfinderisch zu werden, zu verändern, was
verändert werden muss, und zu sagen, was es zu sagen gilt.

Ich liebe sie. Sie, die nicht alles einfacher macht. Sie,
die so vieles besser macht. Sie, meine wundervolle, zauberhafte Wut.

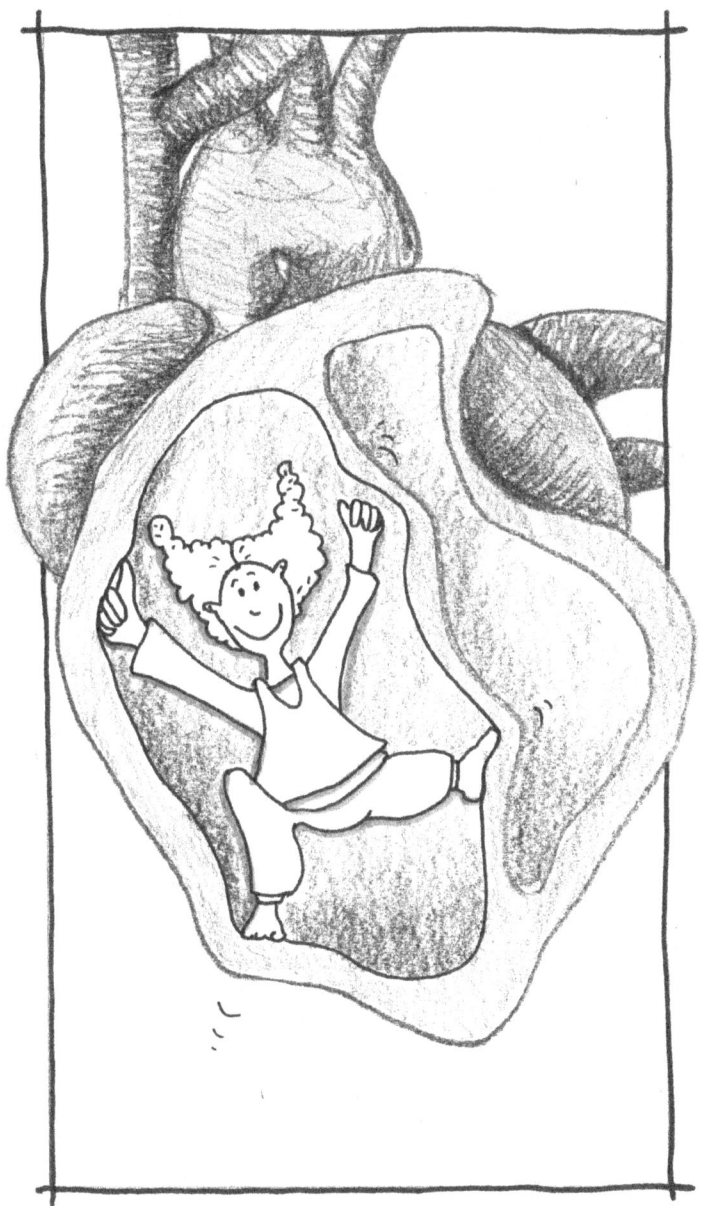

Die Nachbarn
des Wunders

*W*undertag. Schade eigentlich, dass dieses Wort nicht im Wörterbuch steht. Wenn es nach mir ginge, dann wäre das Lexikon der deutschen Sprache ja viel dicker und böte Platz für selbst gemachte Lieblingswörter aller Art. Zum Beispiel: Staunzeit. Regengardine. Strandpapier. Kaffeefee, Schneis, Schnieselsturm. Mein allerliebstes Lieblingswort stammt aus dem Mund meines Sohnes Thimo. »Schau, Mama, lauter *Flohschnecken*!« Das jubelte er, als er mit anderthalb Jahren am Fenster stand und zusah, wie wattebauschdicke Schneeflocken vom Himmel fielen.

Wundertag: So heißt ein Tag, an dem mir jedes Wunder willkommen ist. Ein Tag, an dem ich damit rechne, dass ein Wunder passieren könnte, und mir vornehme, auch den kleinen Wundern eine Chance zu geben.

Wenn ein Wundertag in meinem Kalender auftaucht, heißt das für mich: Ich darf ein Wunder suchen – und meine Erlebnisse niederschreiben. Für heute habe ich mir eine ganz besondere Suche vorgenommen. Ausnahmsweise will ich nicht nach draußen gehen. Ich will lieber einen Spaziergang durch die Seiten meines Wörterbuchs unternehmen und erforschen, wo sich das Wunder in der Welt unserer Worte versteckt. Bestimmt lerne ich dabei etwas Neues. Über die Wunder – und vielleicht sogar über unsere Welt.

Wunder. Da ist es schon. Ich finde es zwischen den Worten »Wunde« und »wunderbar«. Wunderbar – na klar, diese Verwandtschaft liegt auf der Hand. Sofort frage ich mich: Hat das Wunder auch etwas mit seinem anderen Nachbarn zu tun? Wunder und Wunde. Gibt es auch hier eine Verwandtschaft?

Etwas in mir ist berührt. Mein Bauch sagt Ja. Er versucht, kräftig zu nicken – das sieht ein bisschen komisch aus. Mein Kopf übernimmt das Nicken und auch gleich das Kommando. Er beginnt, sich zu erinnern, an Momente meines Lebens, in denen ich verwundet war und nur noch auf ein Wunder hoffen konnte. Heute denke ich: Das Wunder kam immer. Nicht immer sofort, aber doch verlässlich. Es kam als Lächeln, als Handreichung, als Anruf zur rechten Zeit. Manchmal auch als ein Buch, das plötzlich zu leuchten begann, fast so, als wolle es Funksignale senden.

Wundergeschichten, wunde Geschichten …

Ich erinnere mich. Zum Beispiel an eine teure rote Geldbörse, die ich mir irgendwann schenkte, um den Reichtum in mein Leben einzuladen. Sie war wunderschön, mit einer aufgenähten Lederblume, die ich immer wieder streichelte. Kaum zwei Wochen später hatte ich sie verloren. Ich musste sehr mit mir ringen, um dieses

»Zeichen« nicht überzubewerten, und betete darum, dass meine Börse irgendwo auf mich wartete. Mein Mann lachte mich aus, ich aber wollte unbedingt an ein Wunder glauben. Und dann, genau ein Jahr später, Anfang Dezember, fand ich sie tatsächlich wieder. Wo? Sie steckte in der Kiste mit Requisiten, die wir für unser Weihnachtstheaterstück brauchten. Ich weiß bis heute nicht, worüber ich mich mehr freute: über die weiche rote Lederblume – oder über meinen Führerschein, den ich das ganze Jahr über noch nicht einmal vermisst hatte.

Ein weiteres Erinnerungsbild taucht auf. Ein kühler Sommermorgen, ein junger Mann, der zerknirscht an meiner Tür läutete. Drei Tage zuvor hatte er mein parkendes Auto zu Schrott gefahren. Er war in Panik geflüchtet. Doch jetzt war er da, um sich den Konsequenzen seines Handelns zu stellen. Beide waren wir Verlierer: Seine Probezeit wurde um ein Jahr verlängert, mir bezahlte die Versicherung gerade einmal zweihundert Euro – für ein heiß geliebtes Auto, das wie neu, aber leider schon zwölf Jahre alt war. Wir trösteten uns gegenseitig und wurden an jenem Morgen, für die Dauer von ein paar Stunden, wirkliche Freunde.

Wer die Geschichte meines Lebens kennt, weiß, dass es noch viele Wunden und ebenso viele Wunder gibt, über die ich erzählen könnte. Bestimmt bin ich nicht die Einzige, der es so geht. Und gewiss bin ich auch nicht allein in meinem Staunen darüber, wie wunderbar leicht sich die Schatzkiste unserer Erinnerung öffnen lässt, wenn wir ihr nur ein wenig Zeit und Aufmerksamkeit schenken. Die Zahl der Geschichten, die in jedem von uns wohnt, ist wohl mindestens so groß wie die Zahl der Wörter in einem Wörterbuch.

Wundertag. Ich glaube, er ist überall. Zum Beispiel da, wo Menschen beginnen, sich an die kleinen und großen Wunden ihres Lebens zu erinnern und einander davon erzählen, wie – keiner weiß warum – letzten Endes doch noch alles gut ausging.

Ein Wunder
aus meiner Vergangenheit

Wissen Sie, was eine Jonglier-Convention ist? Ich wusste es nicht, bevor mich im Sommer 1996 ein guter Freund fragte, ob ich nicht mit nach Turin kommen wolle, auf ein Treffen, bei dem über tausend Menschen auf einem Campingplatz zusammenkommen würden, um eine Woche lang Bälle, Keulen und Diabolos in die Luft zu werfen.

Keine Frage. Und ob ich das wollte! Die Grundlagen des Jonglierens beherrschte ich schon, drei Bälle hielt ich ganz passabel in der Luft. Ich träumte seit Monaten vom Zirkus, von faszinierenden Kunststücken und vom Applaus, den ich eines Tages bekommen würde. Ich fuhr mit, aufgeregt, mit Bällen, Jonglierkeulen und einem Diabolo im Gepäck, auf meinem Kopf eine alte Kutschermelone vom Flohmarkt.

Am dritten Tag der Convention, als ich mich an das Staunen über die scheinbare Auflösung der Schwerkraft, die da ein Haufen sympathischer Menschen Tag und Nacht zuwegebrachte, ein wenig gewöhnt hatte und wieder einigermaßen handlungsfähig war, nahm ich gemeinsam mit meinem Freund an einem Workshop teil. Ein französischer Zirkusclown hatte sich bereit erklärt, allen, die es lernen wollten, zu zeigen, wie man eindrucksvolle Kunststücke mit Hüten macht. Zu Beginn demonstrierte er, was wir gleich lernen würden. Eine Melone, die aussah wie die von Charlie Chaplin, rollte über seinen ausgestreckten Arm und weiter über den Nacken schließlich schnurstracks in die andere Hand. Dann flog sie in die Luft, schlug einen Salto und landete punktgenau – wie könnte es anders sein? – auf seinem Kopf. Ich war begeistert. Das wollte ich auch können, und zwar am besten sofort!

Ich begann zu üben. Und natürlich ging alles schief, so sehr ich mich auch bemühte.

»Continuez«, ermutigte mich der Meister. Gut. Ich trainierte weiter, auch noch am nächsten Tag, an dem die Gruppe zur Fortsetzung der Lektionen verabredet war. Als wir uns wiedertrafen, hatte ich zwar schon kleine Fortschritte gemacht, der Hut rolle immerhin schon bis zu meinem Ellenbogen, aber ich war alles andere als zufrieden. Ehrlich gesagt war ich wütend, und zwar vor allem auf meinen Hut. Denn so gut ich ihn auch warf, er wollte einfach nicht auf meinem Kopf landen. Er torkelte, drehte sich nie genug, es sah peinlich aus und wurde immer peinlicher, je mehr ich mich verkrampfte. Bald hatte ich eine Erklärung: Es musste daran liegen, dass er schief war, verbaut, einfach das falsche Modell. Einen echten Zirkushut kaufte man eben nicht auf dem Flohmarkt, sondern vermutlich in einem Spezialgeschäft. Ich beschloss: Zu Hause würde ich mir eine Melone im Zirkusfachhandel bestellen, ich würde schon herausfinden, wo man ordentliche Hüte bekam, die wie von selbst da landeten, wo sie hingehörten.

Ich hörte auf zu üben. Denn mit minderwertigem Material wollte ich mich gar nicht länger befassen. Das hatte ja gar keinen Sinn. Stattdessen lief ich zum Lehrer, klopfte ihm auf die Schulter und fragte, ob ich mir seinen Hut anschauen dürfe.

»Bien sûr!« Aber ja doch: Natürlich war dieser Hut besser. Gut, auch er war schon alt, schäbig und eigentlich noch schiefer als der meine, aber: In seiner Krempe klebte ein schwarzer Plastikring, der den Stoff versteifte. Darin lag also das Geheimnis! Alles klar.

Der alte Clown hatte inzwischen begonnen, mit meinem Hut herumzuspielen. Virtuos wirbelte er ihn durch die Luft. Die Kunststücke, die er nun machte, waren noch aufregender als die, die er uns bisher gezeigt hatte. Und das alles … mit meinem Hut!

»Quel bon châpeau. Très bon. Mieux que le mien.« Ein guter, ein sehr guter Hut? Besser als seiner? Es gibt Momente, in denen man zu spüren glaubt, wie sich das, was man im Kopf hat, einmal um die eigene Achse dreht. In denen das Hirn eine Rolle vorwärts macht und dabei gleich ein Programm-Update vollzieht. Mir war schwindlig. Mein alter, unpräparierter, schiefer Hut, mit dem doch gar nichts funktioniert hatte, war vom Meister geprüft … und für gut befunden worden!

Mit einem Kopfnicken bedeutete mir der Lehrer, ihm zu zeigen, was ich konnte. Es war nicht passend, mich zu drücken. Ich holte Schwung, warf, es machte »flopp« …

ich konnte es kaum glauben. Mein Hut landete punktgenau auf meinem Kopf. Ich hatte es geschafft, zum ersten Mal! Noch einmal setzte ich an, noch einmal klappte
es. Mein Hut und ich, wir hatten das Kunststück gelernt,
nicht nur durch Üben, sondern vor allem, weil wir keine
Ausrede mehr hatten und der Meister uns bewiesen hatte,
dass es tatsächlich möglich war.

»Très bien. Continuez!« Ja, ich machte weiter, mit roten Wangen und voller Kraft. Ich jonglierte, übte. Und
nicht nur das: Das Sommererlebnis war mir eine Lehre fürs
Leben. Bis heute versuche ich auf eine Weise zu leben, die
keine Ausreden sucht. Ich habe gelernt, mehr für möglich
zu halten, als ich auf den ersten Blick vermute. Es gibt
Tage, da erscheint mir mein Leben wie ein alter Hut. Doch
egal, wie schief, wie unpassend es mir gerade vorkommt,
ich weiß: Es ist gar nichts verkehrt daran. Es gibt keinen
Grund, ein neues zu besorgen, es umzutauschen. Ich muss
nur daran glauben, dass mit ein wenig Übung alles gelingen kann. Quelle bonne vie. Ein gutes Leben: Das Einzige,
das ich habe, das beste, liebste, das mir zur Verfügung steht.

Das Wunder,
das fehlt

Wissen Sie, was mir gerade durch den Kopf geht? Ich denke über die Tatsache nach, dass ich kaum etwas von Ihnen, liebe Leserin, lieber Leser, weiß. Ich habe keine Ahnung, ob Sie dreißig oder siebzig Jahre alt sind. Ich weiß nicht, ob Sie im vierzehnten Stock eines Hochhauses leben oder in einem Häuschen am Waldrand, ob Sie Hausfrau sind oder Vorstandsvorsitzende oder Schreinerin oder … ja: Ich weiß ja nicht einmal, ob Sie eine Frau sind oder ein Mann!

Nur eines, das weiß ich. Ich weiß, dass Sie gerade ein Buch in der Hand halten, auf dessen Umschlag eine Frau mit einem Fahrrad abgebildet ist. Na, das ist doch schon etwas. Etwas, das ganz schön viel mit dem Wunder zu tun hat, von dem ich Ihnen heute erzählen will.

Es gibt Dinge, Bücher zum Beispiel, die hält man in Händen. Es gibt Dinge, die man sich kauft, einfach so, wenn man Lust hat, als wäre das die selbstverständlichste Sache der Welt. Es gibt Stühle, auf denen man sitzt, oder Nachtkästchen, auf die man Bücher legt. Es gibt so viele Dinge, die da sind, für uns, obwohl wir sie kaum noch bemerken. Ja: Es gibt sogar Menschen, die da sind – und die uns doch erst auffallen, wenn sie verschwunden sind.

Es ist ein Menschenwunder, das sich mir vor Kurzem auf seltsame, anrührende Weise offenbarte. Und zwar: indem es verschwand. Es – nein: *Sie* hatte am Eingang des Supermarkts gestanden. Eine Frau mit Kopftuch, die bestimmt jünger war, als sie wirkte, Haut und Blick vom Leben gezeichnet. Sie hatte seit vier Jahren dagestanden, um Zeitschriften zu verkaufen – jene Zeitschriften, die von Obdachlosen gemacht und von Obdachlosen angeboten werden. Das war, sozusagen, ihr Beruf.

Nebenberuflich war sie vor allem: hilfsbereit. Und freundlich. Sie grüßte jeden, der an ihr vorüberging, mit einem Lächeln und, so bilde ich es mir ein, mit einem Segen, den sie in einer Sprache murmelte, die ich nicht verstand. Wenn ich mit dem Fahrrad unterwegs war, bot sie an, auf das Rad aufzupassen, damit ich es nicht umständlich absperren musste. Wenn jemand mit dem Kinderwagen kam, half sie, den Wagen über die Eingangstreppe hochzutragen, falls wieder einmal ein Hund die Kinderwagenrampe blockierte, weil sein Besitzer ihn an deren oberen Ende angebunden hatte, ohne nachzudenken.

Genau wie mich gibt es andere Menschen, die täglich in diesen Supermarkt gehen. Diese Menschen wären mir nie aufgefallen, weder an der Kasse noch am Obstregal, schon gar nicht am Eingang – hätten sie nicht, so wie ich, der Kopftuchfrau immer wieder ein paar Münzen oder einen Schein zugesteckt, ein Wort des Dankes erhalten und genickt, so, wie man einer Freundin zunickt, wenn man sich nach einer kurzen Plauderei von ihr verabschiedet.

Zwischen mir und diesen Menschen hat sich im Lauf der Zeit ein seltsames Familiengefühl eingestellt. Wir erkennen einander nun auf der Straße, schenken uns ebenfalls ein Nicken, so, als wüssten wir mehr voneinander als die Tatsache, in welchem Supermarkt wir unsere Brötchen holen und welcher Obdachlosen wir Münzen zustecken.

Manche dieser Menschen haben mich beeindruckt, weil sie nicht nur nickten, sondern sich Zeit nahmen, ein bisschen mit der Kopftuchfrau zu plaudern. Nicht aus Pflichtgefühl, nicht als zusätzliches Almosen, sondern, das spürte man, aus echtem Interesse. Sie fragten die Kopftuchfrau, wie es ihr ging, oder danach, wie es ihrem Sohn ging, ihrer Mutter, ihren Verwandten zu Hause.

Ich habe mich das nie getraut. Zu groß war die Angst, dann vielleicht immer plaudern zu müssen. Zu groß war die Angst vor echter Beziehung.

Und jetzt? Jetzt ist sie weg, die Kopftuchfrau. Verschwunden, von einem Tag auf den anderen. Die Frau, die doch immer da war, an jedem Tag, bei jedem Wetter, bei Schneesturm und Hitze, verlässlich von neun Uhr früh bis sechs Uhr am Abend. Da ist kein Kopftuch mehr, kein Nicken, kein Segen. Nur noch etwas, das mir fehlt.

Ganz leise mahnt mich die Lücke, indem sie mich fragt: *Hast du immer freundlich genug zurückgenickt? Hattest du es wirklich immer so eilig, wie deine Körpersprache es ausgestrahlt hat? Hättest du nicht gern noch öfter etwas springen lassen?* Aber noch lauter als diese Fragen ist ein Gefühl, das mich berührt. Die Erkenntnis: Ich vermisse sie. Die

Kopftuchfrau, die zu meinem Leben gehört hat wie … ja, oh mein Gott, ich muss es gestehen: wie das Haustor, wie die Supermarktkasse, wie das Stück Schokolade nach dem Nachmittagskaffee. Ich vermisse die Frau, die ich nie kennenlernte, obwohl ich sie doch täglich traf.

Erst als sie verschwunden war, wurde mir klar, dass die Anwesenheit und das Lächeln eines Menschen, eines jeden Menschen, der mir begegnet, ein Wunder ist – und eben keine Selbstverständlichkeit.

Wer da ist, könnte auch weg sein. Wer immer da ist, könnte verschwinden, von heute auf morgen. Von der Zukunft wissen wir nichts. Wir wissen nur: Jetzt ist er da, dieser einzigartige Mensch.

Danke. Das will ich in Zukunft öfter denken, wenn mir Verlässliches, Selbstverständliches unterkommt. Nicht nur, aber vor allem in Gestalt von Menschen. Vielleicht finde ich dann sogar den Mut, die Gelegenheit am Schopf zu packen und sie einmal zu fragen, wie es ihnen geht. Wer sie sind. Und wie lange sie noch bleiben.

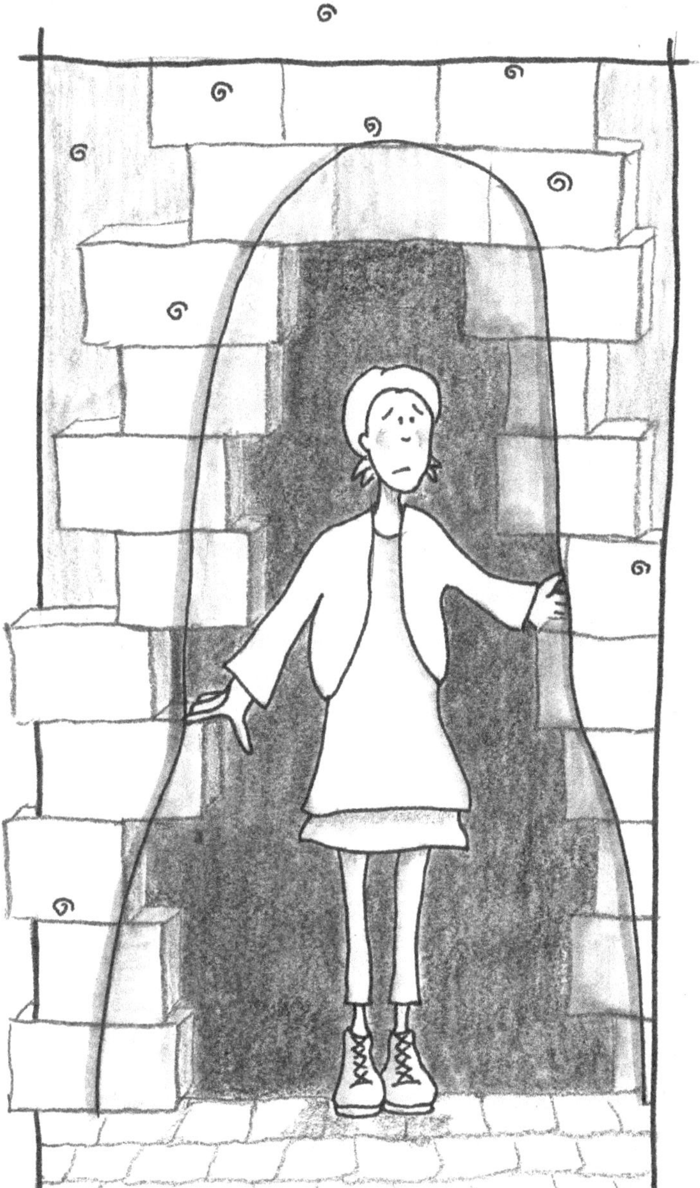

Intermezzo:
Lieber Abschied,
sei willkommen!

*L*eben und Sterben, Abschied und Neubeginn. Gern nennen wir diese Wortpaare in einem Atemzug. Sie gehören zusammen – und doch vergessen wir oft, dass Abschied und Tod tatsächlich zum Leben gehören. Müssen wir den Tod aus dem Leben verdrängen, um uns glücklich zu fühlen? Oder könnte es möglich sein, in Freundschaft mit dem Abschied, vielleicht sogar in inniger Beziehung mit dem Tod Lebendigkeit und Glück zu erfahren?

Mit dem Tod habe ich nichts zu schaffen. Bin ich, ist er nicht. Ist er, bin ich nicht. Dieser Satz ist nicht von mir. Er stammt von Epikur, einem großen Philosophen der griechischen Antike, der dreihundert Jahre vor Christi Geburt lebte. Wenn ich mir Epikurs Worte auf der Zunge zergehen lasse, kann ich nicht umhin, zu denken: Sie klingen nicht uralt, sondern eigentlich ziemlich modern, fast so, als stünden sie für den Zeitgeist der heute erwachsenen, ewig jungen Generation.

»Mit dem Tod habe ich nichts zu schaffen.« Ich gebe es zu: Dieser Satz hätte auch von mir sein können. Nicht, weil ich meine, so klug zu sein wie die alten griechischen Denker. Sondern weil ich es – zumindest noch vor ein paar Jahren – tatsächlich glaubte. Was? Dass der Tod weit weg ist. Und dass er noch sehr, sehr lange nichts mit mir und meinem Leben zu tun haben wird.

Wann stirbst du, Mama?, hat mich mein Sohn Thimo einmal gefragt. Ich wollte eine gute Mama sein, wollte mein Kind nicht unnötig verunsichern. »Noch lange nicht, Thimo. Erst wenn ich ganz alt bin und dir schon auf die Nerven gehe, weil ich gar nicht mehr leben will. Erst dann, wenn ich so müde bin und so große Schmerzen habe, dass wir alle froh sind, wenn der Tod mich erlöst. Dann sterbe ich.« *Das wird traurig sein*, sagte mein Sohn. »Ja. Aber nicht so schlimm, wie du denkst.« Mit diesen Worten tröstete ich mein Kind. Oder, besser: mich selbst. *Der Tod ist alt, der Tod ist grau, zittrig und schwach, und auf jeden Fall: nicht da, wo ich bin.* So hatte ich, eine junge Mutter in ihren »besten Jahren« mit höllischer Angst vor Tränen, Krankheit und Schmerz, es mir bequem zusammengereimt.

Selten, ganz selten sprach ich mit meinem Mann über den Tod. »Weißt du was?«, sagte ich eines Abends zu ihm, »wenn es ganz sicher wäre, dass du bald sterben musst, dann wüsste ich nicht, wie ich noch einen einzigen Moment lang fröhlich mit dir sein sollte. Es wäre schrecklich, ich könnte nie wieder mit dir lachen. Ich könnte nichts anderes mehr als traurig sein.«

Ja, auch das habe ich gesagt, an einem Frühlingsabend vor einigen Jahren. Ich kann mich noch gut an das

Gespräch erinnern. Was ich damals nicht wusste: Wenige Tage später sollte mir das Leben die brutalste und zugleich wertvollste Lektion erteilen, die nur denkbar ist. Eine Lektion, die mein Verhältnis zum Tod, zu Abschieden, Schmerz und Tränen grundlegend auf den Kopf gestellt hat. Eine Lektion, deren unschätzbaren Wert ich erst nach und nach zu verstehen lernte und bis heute bestimmt noch nicht ganz erfasse.

Niemals hätte ich diese Lektion freiwillig gewählt – es gehört zu der großen Paradoxie meines Lebens, dass ich für die innere Freiheit und beinahe ungebremste Lebendigkeit, die mir heute geschenkt ist, einen Preis bezahlen musste, der mir noch immer beinahe unbegreiflich scheint.

Am Gründonnerstag 2008 wurden mein Mann, mein Sohn und meine kleine Tochter sehr plötzlich, ohne Vorankündigung, aus dem Leben abgeholt. Ein Zug an einem unbeschrankten Bahnübergang katapultierte sie nach drüben, ins Leben nach dem Leben.

Man könnte auch sagen: in den Tod. Ich sage das auch. »Tod«. Ich habe kein Problem mehr mit diesem Wort. Und auch mit ihm, dem Tod selbst, habe ich keine Probleme mehr. Er ist heute ein ständig präsenter Begleiter meiner Lebendigkeit. Ein Kumpel, auf den ich mich verlassen kann, im Großen und im Kleinen. Heute weiß ich: Er selbst ist nicht alt, nicht grau. Er ist – so denke ich manchmal – lebendiger als ich.

Tod und Leben, Abschied und Anfang: ein Gegensatz? Ich glaube nicht. Ich habe triftige Gründe, es nicht mehr zu glauben. Denn im Jahr 2008 bin ich dem Tod persönlich begegnet, und diese Begegnung hat alles verändert, was ich jemals über die Natur des Todes zu wissen glaubte.

War es Zufall, dass der Tag, an dem der Tod mir die Augen, das Herz und die Tür zum Himmel aufschloss, ausgerechnet der Ostersonntag war? Ich weiß es nicht. Für mich ist es kein Zufall, sondern ein symbolisches Geschenk. Und ein Anker, zur Sicherheit, damit ich ja niemals vergesse, wie es sich anfühlt: im selben Moment zu sterben und neu geboren zu werden, zu verglühen, zu zerspringen, zu brüllen und zu jubeln – und jede unnötige, verzagte Angst für immer abzuwerfen.

Ostersonntag 2008. Meine Tochter Valentina, zweiundzwanzig Monate alt, lag drei Tage nach dem Unfall, bei dem mein Mann ums Leben gekommen und mein Sohn mit kaputtem Gehirn ins Koma gefallen war, neben ihrem Bruder auf der Intensivstation. Friedlich wie ein Engel, in künstlichen Tiefschlaf versetzt. Wir bangten um ihr Leben und wussten: Es sieht nicht gut aus.

Es sieht nicht gut aus ... das sagt man so und, ja, natürlich: Es fühlte sich ganz und gar nicht gut an, am Bett des eigenen Kindes zu stehen und zu beobachten, wie sich die Kennzahlen an den Maschinen eindeutig in die falsche Richtung bewegen.

Und doch sah – beziehungsweise: spürte – ich da gleichzeitig etwas ganz anderes. »Es ist gut. Alles ist gut.« Ich hörte die warme Stimme, die mir ein liebevolles, gütiges Versprechen gab. Etwas in mir bereitete sich vor, wie von selbst. Auf etwas, das undenkbar und unvorstellbar war, etwas, das zu ahnen wir uns nicht erlauben, das mir, im Geheimen, jedoch immer weniger schlimm oder gar grausam erschien.

Plötzlich konnte ich nicht mehr darum flehen, dass meine Tochter aufwachen möge. Ich konnte die Möglichkeit ihres Todes nicht mehr ignorieren. Ich konnte nur mehr beten, dass ihr Weg ein guter, sanfter sein möge, egal, wohin er letzten Endes führte.

Vielleicht wurde mir das zuteil, was man Demut nennt.

Ein paar Stunden später gingen wir, Valentina und ich, gemeinsam auf den großen Weg. Es war ein guter Weg, auch wenn er nicht gerade sanft, leise und still verlief. Nein: Der Tod hat mich, als er kam, auf grandiose Weise überrascht. Vor allem deshalb, weil er kraftvoll und – darf ich es so sagen? – quietschlebendig war.

Es war spätabends, um halb elf, als die Maschine, an der meine Tochter hing, laut zu piepen begann. Ein Team von Ärzten schoss herbei, der Chefarzt erklärte mir mit warmer, fester Stimme, dass es nun an der Zeit war, eine Operation durchzuführen.

Operation, das fand ich gut. Das klang nach Rettung, nach Veränderung zum Positiven. Wenn Ärzte operieren, werden Leben gerettet, dachte ich. Ruhig und gefasst folgte ich dem Rat der Schwester, inzwischen spazieren zu gehen. Es gab da einen Wald in der Nähe des Krankenhauses, dort ging ich hin.

Ich ging, ging schneller, ich lief. Bergauf, querfeldein, schließlich rannte ich, so schnell ich konnte. Nein, verstehen Sie mich nicht zu schnell: Es war nicht die Angst, die mich laufen ließ. Auch nicht der Schmerz und auch kein steinzeitlicher Fluchtreflex. Es war ganz, ganz anders.

Das, was meinen Beinen Flügel schenkte, kann ich bis heute nicht anders beschreiben als mit den Worten *pure Glückseligkeit*. Ein Glück, das mich beinahe zerspringen ließ, ein helles Leuchten, verquirlt mit Liebe und Jubel, mit der ungebremsten Kraft eines Feuerwerks, bei dem die bunten Funken steil nach oben fliegen.

Ich rannte, ich keuchte. Und wusste immer noch nicht, wohin mit all der Kraft, die pulsierend in meinen Adern bebte, die überschäumen wollte und beinahe zu mächtig war für einen Menschen aus Fleisch und Blut. So begann ich laut zu singen, das Lieblingslied meiner Tochter. »Schulla Hey, schulla ho, schulla hopsassa. Hier kommt die Pippi Langstrumpf ...«, rief ich den Bäumen zu. Und war sicher: Was ich spürte, war Valentinas Kraft, Valentinas Leben. Sie war aufgewacht, daran gab es für mich in diesen Momenten keinen Zweifel.

Ich flog zurück, zum Krankenhaus, wollte eben durch den Eingang laufen, in den Keller, um dort, auf der Intensivstation mein wiederbelebtes Mädchen in die Arme zu schließen. Da sah ich meinen Vater, er stand in einer Ecke des Foyers. Ein großes weißes Stofftaschentuch zitterte in seiner Hand. Mit solchen Taschentüchern hatte er mir als Kind immer die Nase geputzt. Manchmal hatten wir auch Sonnenhüte daraus gemacht, ein Knoten in jeder Ecke, und schon war mein Köpfchen perfekt beschützt. Papas Taschentücher sind für mich ein Zeichen der Liebe, sie vermitteln mir noch heute elterliche Sorge und stummes Einverständnis.

Die Botschaft des großen weißen Taschentuchs: Ich verstand sie sofort. »Valentina ist gerade gestorben.« Mein

Vater sprach das aus, was ich bereits wusste. Ich nickte, verstand, akzeptierte. Der Weg meiner Tochter war entschieden, sie hatte ihn auf tapfere Weise zu Ende gebracht.

Und ich? Wie sollte ich das einordnen, was ich gerade eben erlebt hatte, auf den Hügeln, im Wald? Wohin sollte ich sie jetzt tun, die Lebendigkeit, die überschäumende Freude und Kraft? Hatte ich mich geirrt? Hatte das Leben mich auf grausame Weise auf eine falsche Fährte geführt? »Ätsch, ich habe dich reingelogen«, hat mein Sohn Thimo immer gesagt. War es nun das Leben, das mir schadenfroh die lange Nase zeigte?

Nein. Gewiss nicht. So simpel ist die Antwort. Manchmal braucht es nicht viel mehr als ein Wort, um alles von Grund auf zu verändern. Nein, das Leben hat mich nicht getäuscht. Nein, es ist nicht falsch, dass ich vor Glück fast zersprang, während mein Mädchen die Grenze nach drüben überschritten hat. Und nein: Ich habe mich nicht getäuscht, habe mir nichts eingebildet, war nicht übergeschnappt, geblendet vor Kummer oder wahnsinnig vor Schmerz. Für mich gibt es keinen Zweifel an dem, was ich wirklich erlebt habe: Ich durfte in dieser halben Stunde, auf meinem Weg durch den Wald, meine Tochter Valentina auf ihrem Weg begleiten. Ich habe nichts anderes erlebt als sie, zeitgleich, im selben Moment. Ich durfte mit ihr gehen, hin bis an die Schwelle der Tür, und für ein paar Augenblicke stand mir der Himmel offen.

Was mir da begegnet ist, werde ich nie mehr vergessen. Freude. Liebe. Unendliches Glück. Und eine Vitalität, die alles, was wir lebendig nennen, um das Vielfache eines Vielfachen übersteigt.

Als ich zu meiner Tochter ins Krankenzimmer kam, sah ich einen Engel: verklärt, von innen heraus beleuchtet. Auf eine Weise glücklich, für die es auf Erden keinen Platz mehr gibt, weil dieses Glück, diese Erhabenheit viel zu weit, zu groß für den Körper eines Menschen und zu leicht für die Schwerkraft der Erde ist.

Mein Mädchen lag da, tot, aber nicht zerbrechlich, nicht schwach, sie wirkte satt und erfüllt. Die letzte Stunde, die ich mit meinem Kind verbrachte, war geprägt von der liebevollen Zuwendung und Achtsamkeit aller Beteiligten. Bis heute kann ich mich an unzählige Kleinigkeiten erinnern, die mir in dieser letzten Stunde wie Wunder entgegenkamen.

Am schönsten ist die Erinnerung an das Becken mit warmem Wasser, das nach Himbeer-Baby-Badeschaum duftete. Die Schwester brachte es mir, damit ich meine Tochter waschen konnte. Meine Hand erinnert sich deutlich an die Wärme und ihre freundliche Botschaft: Nein, der Tod ist nicht kalt. Er wird nur dann kalt, wenn wir ihn mit kaltem Wasser waschen oder die Kühltruhen in der Bestattung für wichtiger nehmen als den leisen Hauch eines letzten, erlösenden Atemzugs.

Als ich schließlich meinen Weg nach Hause antrat, klaffte kein Loch in meiner Seele. Keine bange, quälende Leere in mir, sondern noch immer diese pulsierende Liebe und ein bebender Atem, der größer war als ich selbst.

Wo stehe ich heute? Wie hat sich mein Leben verändert? Wie bewerte ich heute meine Erlebnisse vom Ostersonntag 2008? Tatsächlich kann ich sagen: Seit damals sind diese Lebendigkeit und das Glück des Himmels nicht mehr von mir gewichen. Mein Blick auf das Leben hat sich dadurch ebenso radikal verändert wie mein Bild vom Tod. Was mir mein Mann und meine Kinder durch ihren Tod beigebracht haben, wirkt bis heute in mein Leben, in die Art, wie ich denke, fühle und handle. Was 2008 geschehen ist, hatte viele nachhaltige Konsequenzen – und ich habe mich dazu entschieden, nicht nur über Schmerz, Verlust und Trauer zu berichten, sondern auch von den Perspektiven und der Lebensqualität zu erzählen, die mir mein unfreiwillig neues Leben geschenkt hat. Drei meiner Lebensperspektiven möchte ich hier mit Ihnen teilen.

Tod und Leben

Ich bin am Leben. Und ich war, wach und mitten im Leben, an der Schwelle des Todes – nicht physisch, im Sinne eines Nahtoderlebnisses, aber doch in einer Art, die körperlich real war und die ich bis heute in ihrer Wucht und liebevollen Mächtigkeit spüren kann.

Was bedeutet das für mich? Wie gehe ich mit dieser Erfahrung um? Am ehesten kann ich es so beschreiben: Ich glaube nicht mehr daran, dass wir durch unseren Tod jemand völlig anderer werden. Totsein und Lebendigsein sind für mich zwei Formen, zwei Aggregatzustände der gleichen Substanz. Kein Gegensatz.

Ich vergleiche das gerne mit dem scheinbaren Gegensatz zwischen nackt und angezogen. Wenn Sie diese Zeilen lesen, sind Sie vermutlich angezogen und nicht nackt, stimmt's? Und doch: Die nackte Version Ihrer selbst, die, die gerade noch unter der Dusche stand oder später, abends ihre Kleider ablegen wird, ist ebenfalls da, wo Sie sind. Ihr nacktes Ich wartet nicht im Bett oder im Bad. Es ist bei Ihnen, wo immer Sie sind.

Ich glaube heute, dass auch der Engel, der Energieball, das liebe Wesen, das wir einst, nach unserem Tod sein werden, längst in uns ist. Was macht der Tod? Er zieht uns nur die Kleider aus. Er macht uns leichter, freier. Vielleicht lässt er uns klarer sehen, mehr verstehen.

Und doch: Wir müssen nicht auf den Tod warten, um wirklich wir selbst in unserer reinen Form zu werden. Wir können schon jetzt den Engel, der wir sind und immer sein werden, auf Erden spüren, so wie wir den nackten Körper unter unseren Kleidern spüren.

Leben ohne Ausrede, Leben ohne meine Kraft und meine Liebe zu vertagen: Das ist die erste Konsequenz meiner Begegnung mit dem Tod. Es gibt nichts, was mich daran hindert, mich dem hellen Wesen in mir zuzuwenden, das nichts anderes will als Feuerwerksfunken der Liebe zu versprühen. Das ist im Leben nicht immer leicht. Doch seit ich mich entschieden habe, nicht grundsätzlich auf den Tod zu warten, bis ich ich selbst sein kann, staune ich über die vielen Gelegenheiten, in denen es doch möglich ist, ein funkelnder, tanzender Engel auf Erden zu sein.

Abschied

Wenn ein Kind stirbt, heißt es oft, der Tod habe uns unser Kind genommen, entrissen. Man könnte sagen, ich musste mich am 23.3.2008 von meiner Tochter verabschieden. Doch ich habe es so nicht erlebt. Ich habe mich am Ostersonntag nicht *von* Valentina verabschiedet, sondern *mit* ihr.

Gemeinsam haben wir ihr Leben, das wir in so inniger Verbundenheit miteinander verbracht hatten, zu Ende gebracht. Als ich das Krankenhaus nach den letzten rituellen Handlungen und der letzten festen Umarmung verließ, nahm ich Abschied von der Form, in der ich meine Tochter gekannt hatte. Ebenso wie sie ließ ich den kleinen Körper zurück, den sie nun nicht mehr brauchte. Wir beide gingen weiter, wir verteilten uns ein bisschen, das Netz unserer Verbundenheit faltete sich weiter auf.

Ich denke dabei oft an den dreidimensionalen Spielzeugstern, den mein Sohn einmal zu Weihnachten von seinen Großeltern bekommen hat. Dieser Stern bestand aus Plastikteilen und Gelenken – man konnte ihn auseinanderziehen, dann fächerte er sich auf, bis er dreimal so groß war wie in seiner zusammengedrückten Form. Es war immer noch ein Stern, nur war da mehr Luft, mehr Zwischenraum zwischen den einzelnen Teilen.

Wir fächern uns auf. Und nehmen gemeinsam Abschied, von dieser Begegnung, diesem Tag, diesem einzigartigen Zusammensein. So pflege ich es heute mit Menschen, mit denen ich gern zusammen bin. Das Wort, das mir dabei hilft, ist eines der größten Zauberwörter unserer Sprache:

»danke«. Je konkreter mein Dank und meine ausgesprochene Freude sind, je genauer ich benennen kann, was ich bekommen habe und nun gemeinsam mit meiner Freundin, meinem Freund verabschiede, desto größer fällt die Ernte eines gemeinsamen Tages aus. Dann fühlt sich der Abschied nicht nach Trennung an, sondern nach einem gemeinsamen Weitergehen.

Jeder in seine Richtung, jeder wieder ein paar Schritte weiter zu sich selbst. Wir breiten uns aus, verteilen uns, unser gemeinsamer Stern wird wieder größer. Ein bisschen mehr Luft kommt zwischen uns. Mehr ist es nicht, das, was wir Abschied nennen. Und auch der Tod, diese unsichtbare Grenze, die für den Körper eines Menschen unüberwindbar ist, nimmt uns nichts von der Ganzheit unseres großen, gemeinsamen Sterns.

Neubeginn

Natürlich habe ich die Trauerzeit der vergangenen Jahre nicht nur in hellem Glück, nicht nur inmitten eines Feuerwerks verbracht. Ungezählt sind die Stunden der Verzweiflung, die Löcher der Einsamkeit, des Schmerzes, der an mir zerrte, als wäre ich in der Folterkammer auf eine Streckbank gespannt. Ich habe auch diesen Teil der Trauer akzeptiert, und ich weiß heute, dass er wichtig ist, weil unser Körper seine eigenen Ventile braucht, weil er sucht, sehnt und brüllen muss. Mein Schmerz hat mir fast den Verstand geraubt und hat mich doch, immer wieder, geerdet, geklärt, zur Besinnung gebracht.

Mitten im Schmerz, da war ich ganz und gar auf mich selbst zurückgeworfen. Meine Tochter, meinen Mann und meinen Sohn habe ich während dieser Trauerwehen nicht gespürt. Es scheint mir so, als müssten selbst die Toten einen Schritt zurücktreten, wenn ein Mensch gerade in unbändigen Schmerzen tobt. Natürlich sind sie nicht weit weg. Sie warten geduldig, und kaum haben wir uns beruhigt, reichen sie uns wieder die Hand.

In der Ruhe nach dem Sturm können wir ihre Berührung spüren – auf neue, erfrischte Art, immer wieder so, als wäre es das erste Mal. Einander die Hand geben, das fühlt sich ganz anders an, als Händchen zu halten. Einander neu zu begegnen, das ist prickelnd, aufregend. Und wunderschön.

Abschiede, Trennungen, sie sind nötig, um einen Schritt zurückzutreten. Der brennende Schmerz der Sehnsucht gehört dazu. Er wirft uns auf uns selbst zurück, das ist nicht angenehm, aber immer wieder eine Chance. Denn von da, aus unserer Mitte, können wir den Menschen, die wir lieben, wieder neu begegnen, neugierig, als wäre es das erste Mal.

Erst der Abschied macht es möglich, neu zu sehen und wieder zuzuhören. Auszusteigen aus der Trance des allzu Vertrauten. Ein Abschied kann sauer sein wie eine Zitrone, aber ebenso belebend, wenn wir ihn mit dem Wasser unserer Gefühle aufgießen und ihn wirklich trinken.

Abschiedlich leben, so nennen es die Philosophen. Für mich heißt das heute: Zweisamkeit ebenso auszukosten wie die Zeit mit mir selbst, in der ich mich für neue Begegnungen erfrische. Dankbar zu sein und aus geteilter

Wertschätzung dessen, was war, ein haltbares Band zu knüpfen, das jede körperliche Trennung übersteht. Und Verantwortung zu übernehmen, für ein Leben, das begrenzt ist und mir so, wie es ist, einzigartige Chancen bietet. Ein Leben, dessen Kern mir nicht verloren gehen kann, weil auch der Rosenstock im Winter, selbst wenn man ihn bis zum Boden stutzt, immer noch ein Rosenstock ist. Ein Leben, dessen Blütenduft ich dennoch staunend inhaliere, im Wissen, dass sich jede Blüte, jeder Sommer und jede einzelne Begegnung nur einmal in einzigartiger Weise verschenkt.

Wunder auf Bestellung?

Glauben Sie, dass man mit Gott reden kann? Ich meine nicht, ob Sie auf Gott einreden, so wie auf das Wetter oder auf den Wer-wird-Millionär-Kandidaten im Fernsehen, dem die supereinfache Antwort gerade nicht einfallen will. Ich meine: Glauben Sie daran, dass der Himmel antwortet, wenn man mit ihm spricht?

Ach … mit dem Himmel zu telefonieren und echte Antworten zu bekommen, das wäre in der Tat ein Wunder. Meinen Sie nicht auch?

Das Wunder, von dem ich Ihnen heute erzählen will, begann mit einem Gebet. Mit einer Bitte. Nein, ich will ehrlich sein: Es begann mit einer Erpressung. Ich lag abends im Bett und sprach mit meinem Mann Heli, der seit geraumer Zeit im Himmel wohnt. Ich selbst hatte eine sehr irdische, anstrengende Zeit hinter mir, in der es wenig Muße für mich gegeben hatte, um den Kontakt ins Land jenseits der Erde zu pflegen.

Mein Glaube an das Jenseits? Der war in diesem Moment kaum mehr als eine Grundeinstellung, eine Überzeugung aus Prinzip. Aber nichts mehr, was mir Sicherheit verleihen konnte.

Ich befand mich, was meinen Glauben betraf, neuerdings im freien Fall. Fragen plagten mich: Was, wenn ich mich irrte? Was, wenn Heli, mein Mann, den ich als Begleiter ständig neben mir zu wissen glaubte, in Wirklichkeit gar nicht da war? Konnte es sein, dass es meinen geliebten Heli nicht mehr gab? Diese Frage klatschte sich nachts wie ein eisiger Waschlappen auf meine Brust.

Bebend, verzweifelt begann ich nun an jenem Abend, von dem ich erzähle, auf Heli einzureden. »Heli, ich muss wissen, ob du da bist! Wenn du da bist, irgendwo, dann beweise es mir. Bitte. Lass morgen etwas runterfallen – dann, wenn ich nicht damit rechne. Gut? Dann will ich auch nie mehr zweifeln, ich verspreche es dir.«

Dieser Deal mit meinem Mann im Himmel half mir einzuschlafen. Auf seltsame Weise war ich überzeugt davon, dass Heli mich nicht enttäuschen würde.

Am nächsten Tag passierte: nichts.

Wen wundert's? Ich lief mit den Ohren eines Luchses durch die Gegend, spähte um jede Ecke, bereit, einen fallenden Topf, eine torkelnde Vase zu erwischen.

»... dann, wenn ich nicht damit rechne?« Ich begriff: Heli hatte beim besten Willen keine Chance. Ich verzieh ihm. Die Frage, die mich am Abend ins Bodenlose gerissen hatte, schien im Licht des Tages nicht mehr so schaurig. Ich war großmütig dazu bereit, auf Beweise zu verzichten und trotzdem auf die Gegenwart meines geliebten, gestorbenen Begleiters zu vertrauen.

Ich lebte weiter. Und vergaß, worum ich Heli so dringend gebeten hatte. Und genau da begannen die Überraschungen.

Etwa eine Woche nach meinem Abendgebet fiel mir aus heiterem Himmel ein Glas aus den Händen. Ich dachte mir nichts dabei. Gar nichts. Am nächsten Tag krachte ein Haufen Töpfe zu Boden, als ich eine Pfanne aus dem Regal holte. »Warum bin ich nur so schusselig?«, fragte ich mich. Tags darauf war es ein Topfdeckel, wieder einen Tag später noch einmal ein Glas, das mir einfach so aus der Hand rutschte. Klirr! Tausend Scherben. Mein Liebster, der im Nebenraum eine E-Mail schrieb, schreckte auf. »Ich weiß nicht, was mit mir los ist. Alles fällt runter. Vielleicht habe ich eine Nervenkrankheit, die meine Muskeln versagen lässt?« »Vielleicht«, murmelte mein Gefährte. Und da … lachte ich auf. »Heli! Danke dir!«, rief ich laut. Danach waren meine Muskeln auf wundersame Weise geheilt. Nichts krachte mehr zu Boden, und der Rest des Geschirrs blieb bisher heil und ganz.

Lieber Gott, liebe Engel. Ich danke euch für eure Antworten. Es ist wirklich nicht immer leicht, unsere Stoßgebete zu erhören. Wir verbeißen uns allzu fest in Erwartungen, die mindestens die Gesetze der Physik außer Kraft setzen sollen.

Ihr aber lasst euch nicht erpressen und nicht manipulieren. Ihr lasst euch Zeit, die Zeit, die es braucht. »Tu dieses und jenes, und zwar sofort«, auf diesem Ohr seid ihr taub. Und doch kommt sie, eure Antwort, die Antwort eines echten Gegenübers auf Augenhöhe. Wenn wir es zulassen, beschenkt ihr uns auf eure ganz eigene, humorvolle, persönliche Art.

Wir brauchen nur ein wenig Geduld. Und die Bereitschaft, unsere Wünsche in eure Hände zu legen.

Blaues Wunder

Es gibt Wunder, die sind zart. Winzig klein, leise wie der Flügelschlag eines Schmetterlings. Sie haben die Farbe von Schneerosen, schimmern seidenweich, und wenn sie uns überraschen, halten wir intuitiv die Luft an, als könnte der kostbare Augenblick verschwinden, sobald unser Mund einen zu heftigen, zu wenig behutsamen Luftzug entlässt.

Wo solche Wunder in unser Leben flattern, wird die ganze Welt für ein paar Momente zu einem besseren Ort: Der sanfte Klang einer Sinfonie im Radio, ein heller Flötenton vor dem Hintergrund satter Violinen, Geborgenheit, gegossen in Musik. Oder der Blick aus dem Fenster der Straßenbahn, dorthin, wo eben ein kleines Mädchen seine erste Tüte Kastanien bekommt. Das Lächeln der Mutter, die nicht vergessen hat, wie es sich anfühlt, Kind zu sein und warmes, süßes Gold aus seiner knackenden Schale zu befreien.

Ach, könnten doch alle Wunder so klein und fein und golden rosa sein! Ich hätte nichts dagegen, gleich jetzt ein paar solcher Wunder aus dem Bratofen zu holen und sie mir in eine Kastanientüte zu packen. Ich könnte mich wärmen, alles wäre gut.

Ja, so leicht könnte ich es mir machen. Das Problem ist nur: Ich würde es bereuen. Denn vor ein paar Tagen hat mich ein Wunder besucht, das sich einfach nicht in der Schublade mit der Aufschrift »für später« verstauen lassen will. Ein Wunder, das darauf drängt, erzählt zu werden. Es ist nicht rosarot, nicht klein und fein, sondern ein Wunder von der Sorte, auf die man gern verzichten würde: ein blaues Wunder, ein schwarzes Schaf im Wunderland. Es ereilte mich vergangene Woche, kurz vor der Sperrstunde, in einer Bank.

Ich hatte mich seit Tagen auf diesen Moment gefreut. Ein Sparbuch lag in meinen Händen, eines, das ich eine Woche zuvor für eine Frau eröffnet hatte, deren Familie auf tragische Weise verunglückt war. Ihr kleiner Sohn war beim Wandern abgerutscht, der Vater starb, als er dem Jungen instinktiv hinterhersprang. Auf seinem Rücken trug er den kleineren, dreijährigen Sohn – auch er ist tot.

Der große Bruder wird, so weiß ich seit dem Sparbuchtag, überleben. Wenigstens dieses Wunder ist der Mutter geschenkt, die zusehen musste, wie ihre ganze Familie innerhalb weniger Sekunden ins Nichts verschwand.

In jener Woche, da die Mutter um das Leben ihres älteren Sohnes bangte, war ich gerade auf Lesereise. Am Montag, in einem winzigen Ort in Westösterreich, eröffnete ich spontan das Spendensparbuch. Überall, wo ich hinkam und von meiner Schicksalsgenossin erzählte, sammelten Menschen Geld, um zu helfen und gute Wünsche zu schicken.

Nun stand ich in der Wiener Filiale, kurz vor einem Termin, bei dem ich das Sparbuch an die Nachbarin der

Mutter übergeben sollte. Doch der Bankbeamte schüttelte den Kopf. Das Büchlein war voll von Einträgen, da war kein Platz mehr für eine Aktualisierung. Sperre. Schluss. Man konnte da kein Geld abheben, weder ich noch irgendjemand anderer. Ein neues Buch? Tja, das gebe es schon, aber nur in jenem kleinen Ort, der sechs Autostunden von Wien entfernt war.

»Was?!« Ich schimpfte, begann zu zittern. »Muss es denn so schwer sein, zu helfen?« schrie ich. Und erntete hilfloses Schulterzucken. Ist das zu fassen? Nein, wirklich nicht.

Zwei Stunden später: Die Nachbarin und ich, wir haben viel geschafft, gemeinsam, und das hat uns nun beinahe zu Schwestern gemacht. Die Bankangestellte in Westösterreich beratschlagte sich eine halbe Stunde lang mit uns am Telefon. Sie ermutigte uns, auf die Post zu gehen und das Büchlein an sie zu schicken. »Und wenn es verloren geht?« »Dann finden wir eine Lösung, das schwöre ich Ihnen.«

Es fiel leicht, ihr zu glauben. Das Sparbuch ist mittlerweile gut angekommen. Das zweite ist auch schon voll, ein drittes ist auf dem Weg nach Wien.

Alles ist gut, gut geworden. Warum? Weil es für ein Wunder manchmal nicht viel mehr braucht als eine Handvoll Menschen, die ihr Herz am rechten Fleck haben und mithelfen, das zu tun, was gerade nötig ist. Und weil ein blaues Wunder gleich ein wenig rosa wird, wenn man es nicht mehr allein tragen muss.

Ich habe es schon oft erlebt: Da, wo ich Gott um Hilfe bitte, tauchen wie aus dem Nichts Menschen auf, die mich unterstützen und ganz entspannt das Richtige tun. Vielleicht borgt Gott sich Menschen aus, wo er sie braucht. Hat er deshalb so viele auf die Welt gebracht? Vermutlich. Denn so sind immer genug da, um Wunder wahr werden zu lassen, wo immer sie geschehen sollen.

Die Botschaft
des Wunders

S tell dir vor, es ist Krieg und keiner geht hin.« So lautete ein Spruch, der früher oft auf Autos klebte. Ich
erinnere mich daran, dass mich die Idee schon als Kind
faszinierte: Es gibt Dinge, die es gibt, die aber trotzdem
nicht stattfinden – einfach, weil niemand hingeht. Wow!

Der Gedanke fasziniert mich noch heute. Und da, wo
dieses Spiel »Krieg« heißt, bin ich froh über die Macht,
die wir Menschen ausüben könnten, einfach indem wir
uns kollektiv verweigern.

Inzwischen erkenne ich allerdings, dass die pfiffige Botschaft auch noch eine andere Seite hat. Eine, die weniger
faszinierend ist, mich aber umso mehr ins Grübeln bringt:
Denn es gibt Spiele, die eigentlich sehr schön wären – und
trotzdem allmählich von der Bildfläche verschwinden.
Weil niemand mehr mitmacht. Und weil die, die sie noch
spielen, nicht daran denken oder sich nicht trauen, anderen vom Wert ihres Spiels zu erzählen.

»Glauben«, so heißt eines der Spiele, die in der Welt,
die ich kenne, mehr und mehr in den Hintergrund rücken.

Umso dankbarer war ich, als ich kürzlich am Kirchentag gemeinsam mit Seelsorgern und Psychologen ausführlich über eine interessante Frage nachdenken durfte: Was ist das für ein Gott, der »solches Leid zulässt«, Leid zum Beispiel wie das meine, als 2008 meine Familie starb. Wie schön, dass es noch Gesprächsräume gibt, in denen diese Frage nicht als rhetorische Provokation gemeint ist, vor der jedes Glaubensgespräch plötzlich verstummt, sondern als ernsthafte Anregung, über Gott, das Leben, das Wachsen und die Notwendigkeit von Schmerz nachzudenken.

Ein anderes Spiel, das gar nicht mehr so einfach zu spielen ist, ist dieses: Wunder zu sehen, in dieser Welt. Und auch hier merke ich, wie dankbar ich sein darf. Denn Sie lesen ja meine Worte, meine Geschichten, das heißt: Sie sind da, Sie machen mit. Sie sind, ebenso wie ich, bereit, an Wunder zu glauben. Gott sei Dank!

Um über mein heutiges, sehr privates Wunder zu sprechen, brauche ich trotzdem Mut. Warum? Weil es keines jener banalen Wunder ist, das die Zweifler einfach mit einem Schulterzucken abtun. Sondern weil es vielleicht gewagt ist, ein Wunder zu behaupten, da, wo viele nur Enttäuschung sehen.

Das Wunder, von dem ich spreche, hat mein Leben wieder einmal radikal auf den Kopf gestellt. Und es hat mir die Kraft eines Grashalms verliehen, der seine zarte Spitze durch eine dicke Betonschicht bohrt: die Kraft, mein Leben, das ich als sehr sinnvoll erfahren darf, das mich aber aufgrund vieler Reisen derzeit sehr erschöpft, radikal zu verändern.

Mein Wunder hat mich am Schopf gepackt: Es hat mich dazu gezwungen, für das einzustehen, was ich brauche, und das zu beenden, was mir nicht mehr guttut – auf jene strenge, zugleich liebevolle Art, die nur echten Wundern vorbehalten ist.

»Nimm dein Bett und geh«, sagte Jesus. »Nimm dein Leben und geh weiter«, das sagte mein Wunder zu mir. Und so wie der Lahme gewiss seinen Heiler küsste, so küsse ich heute mein Leben und sein Geschenk.

Das Wunder, von dem ich spreche, war sechs Wochen in meinem Bauch zu Besuch. Es ließ, an einem Frühlingstag, den entscheidenden rosa Strich im Fenster des Schwangerschafts-Teststreifchens erscheinen. Es lüpfte meine Mundwinkel bis zu den Ohrläppchen hinauf – und hielt sie dort, sechs Wochen lang. So lange, bis alle Wundertaten, alle notwendigen Schritte der Veränderung vollbracht waren.

Dann war es gut – und mein Wunder verabschiedete sich wieder. Aus meinem Bauch, aber nicht aus meinem Leben.

»Schrecklich, die Arme, jetzt hat sie noch ein Kind verloren«, sagen die, die nur an einfache, offensichtliche Wunder glauben. Ich erlaube mir, es anders zu sehen: Denn es war mir geschenkt, die Kraft meines Wunders zu nutzen, um mein Leben als Reisende in ein Leben mit häuslicher Zukunft zu verwandeln. Um Abschied zu nehmen von meiner öffentlichen Rolle als immer noch trauernde Trauerbuchautorin. Um Mut zu fassen, mich zu verwandeln und darauf zu vertrauen, dass ich auch ohne meine Trauer noch etwas Wertvolles zu sagen habe.

»Stell dir vor, ein Kind kommt und geht, und was bleibt, ist Dankbarkeit.«

Ich werde diesen Spruch lieber nicht auf mein Auto kleben. Er darf unser Geheimnis bleiben, meines und Ihres. Ich glaube gern daran, dass Sie mit mir an das Wunder glauben, das ein winziges, sterngeborenes Kind uns mitten im Leben schenken kann.

Wundersatz

Gestern habe ich meine Küche aufgeräumt. Ein seltsamer Satz, um eine Wundererzählung einzuleiten, nicht wahr? Was für ein Wunder kann das schon sein, das einen beim Aufräumen der Küche ereilt? Ein kulinarisches Wunder vielleicht? Oder ein Wunder des heiligen Antonius, der mich meinen schmerzlich vermissten Schnellkochtopf finden ließ?

Nun: Solche Wunder hat meine Küche natürlich auch zu bieten. Zum Beispiel, wenn ich mein berühmtes Tsatsiki mache. Oder wenn ich tatsächlich zu Antonius bete. (Das kommt, wie Sie schon wissen, recht häufig vor. Wir haben eine innige Beziehung zueinander, die vermutlich nur deshalb funktioniert, weil der heilige Antonius offenbar noch nichts vom Helfersyndrom gehört hat: Er kennt keine Angst vor Burn-out oder Überlastung durch Überstunden. Deshalb ist er so verlässlich für mich und meine Pfannen, Messer und Müllsäcke da.)

Doch das Wunder des gestrigen Tages ist anders. Ein Wunder … von beinahe biblischer Größe. Eines, für das ich seit meiner Kindheit gebetet habe, obwohl ich es nie so recht verstanden habe. Ich habe eben die Worte nachgeplappert, die man sonntags in der Kirche sagt. Und wusste gar nicht, dass sie ein Wunder enthalten. »Aber sprich nur ein Wort«, so habe ich immer gemurmelt, »dann wird meine Seele gesund«. Und habe mich manchmal gefragt, welches Wort das sein könnte. Hustensaft? Halleluja? Liebe? Oder: Amen, es sei?

Vor ein paar Jahren hat mir ein Freund eine Geschichte über Buddha erzählt. In dieser Geschichte sagte Buddha zwei Männern, was die Wahrheit sei. »Ich verstehe nicht, Meister«, empörte sich ein Schüler Buddhas nach den beiden Unterredungen. »Du hast beiden Männern ja völlig unterschiedliche Dinge gesagt!« Buddha lächelte ruhig und antwortete: »Natürlich. Es waren ja auch zwei völlig verschiedene Männer.«

Ein Wort, das heilt? Eine besondere Antwort, die für einen bestimmten Menschen wichtig und goldrichtig ist. Welches Wort, welche Antwort das ist, kann man nicht vorhersagen. Es ist vielleicht gestern ein anderes Wort als heute. Und für mich ein anderes Wort als für Sie.

Der einzig richtige heilende Satz kann auch sehr alltäglich sein. Das weiß ich seit gestern. Denn der Satz, der mein Wunder bewirkte, lautete so: »Deine Küche hat ja gar keine Ordnung.« Ja: Für mich war das gestern der einzig richtige Satz. Der einzige Satz, der mir aus meinem Elend half.

Der Grund meiner Verzweiflung: Ich lebe seit Jahren auf zwei Wohnungen verteilt. Mein Mann und ich haben die gleiche Singlewohnung, im selben Haus, die Wohnungen sind nur durch ein Stockwerk voneinander getrennt. In »seiner« Wohnung wird geschlafen, gekocht, gewohnt.

In »meiner« wird vor allem geschrieben, telefoniert, gemalt und gemailt.

Meine Küche war bisher selten benutzt. Nun aber steht ein Umbau an. Ich brauche Platz, viel mehr Platz für Geschirr (warum, das will ich Ihnen erst in der nächsten Geschichte verraten). »Aber sie ist viel zu klein«, jammere ich seit Wochen. »Ich habe ja nicht einmal Platz für mehr als drei Teller!«

Der Wundersatz, der mich erlöste, kam nicht von Buddha. Sondern von meiner Freundin, die in Frankreich wohnt. Sie hatte ihn schon letzten Sommer zu mir gesagt, in einem Tonfall zwischen Lachen und Stöhnen, als ich ihr gerade für zwei Wochen meine Wohnung geliehen hatte und sie am ersten Abend versuchte, sich in meinen paar Schränken zu orientieren. Nun wiederholte sie ihn, am Telefon: »Deine Küche hat ja gar keine Ordnung.« Und sie ergänzte: »Wir wohnen zu viert – und meine Küche ist halb so groß wie deine. Trotzdem hat alles, was wir brauchen, Platz.«

Ich habe also aufgeräumt. Nicht, weil ich es irgendwie versuchen wollte. Sondern weil ich plötzlich wusste, dass es geht. Dass meine Küche tatsächlich größer, viel größer ist, als ich glauben wollte. Ich wusste das, weil ein einzelner Mensch, meine Freundin, felsenfest dafür einstand – stellvertretend für mich.

Nun sitze ich in meiner Küche, während ich diese Zeilen schreibe. Drei meiner Schränke sind leer, sie strotzen vor Platz. Ich habe mir selbst bewiesen, woran ich kaum glauben konnte, bin glücklich und stolz.

»Sprich nur ein Wort.« Was für ein Wort? Es ist wohl oft eines, das lacht. Und uns sagt: »So eingeschränkt, wie du glaubst, ist dein Leben gar nicht. Da geht doch mehr, viel mehr, als du denkst.«

Wenn das von einem Menschen gesagt wird, der es ernst mit uns meint und weiß, wovon er spricht, dann kann ein solcher Satz tatsächlich ein Wunder bewirken. Ein Wunder, das uns von unserer Verzweiflung und vor allem: von unserer eigenen Blindheit heilt.

Das Wunder,
das mehr weiß als ich

Ich seh, ich seh, was du nicht siehst … Wie lange ist es
her, dass Sie dieses Spiel gespielt haben? Waren es zuletzt Sie selbst, als Kind, das raten und dann, in der nächsten Runde, heimlich, etwas aussuchen durfte? Oder haben
Sie inzwischen schon selbst Kinder oder Enkel, mit denen
Sie spielen?

Ich liebe es, spielend den schmalen Grat zwischen dem
Offensichtlichen und dem allzu Verborgenen auszuloten.
Nein, nicht die Rose auf dem Tisch, die sieht ja jeder.
Aber auch nicht den hauchdünnen rosa Streifen auf dem
Ordner im Eckregal, den kann man einfach nicht erraten.
Ha! Der Hausschuh an meinem Fuß. Der ist gerade nah
genug. Und doch so versteckt, um uns beim Finden zum
Lachen zu bringen.

In den letzten Jahren habe ich recht selten Kinderspie-
le gespielt. Dafür ein ähnliches Spiel. Eines für Erwachsene. Es heißt: »Ich weiß, ich weiß, was du noch nicht
weißt.« Dieses Spiel gehört zu meinem Beruf. Ich wusste
zum Beispiel, was mich Herr Plasberg oder Barbara Stöckl

bei der Fernsehaufzeichnung der Talkshow gefragt hatten, in der ich als Gast eingeladen war, und ich wusste auch, was ich geantwortet habe. Lange bevor die Sendung über den Fernsehbildschirm in die Wohnzimmer kam.

Ich weiß auch schon, was in meinem nächsten Newsletter steht, den ich oft für drei Tage in der Warteschleife parke, ehe er »frisch«, zur besten Zeit, geliefert wird. Ich weiß, was in diesem Buch steht, noch ehe es druckfrisch und nagelneu erscheinen wird. Es ging mir so bei jedem Text: Ich wusste schon lang vor Ihnen, worum es geht.

Und heute? Heute, im März 2017, da steht die Welt auf dem Kopf. Denn diesmal weiß ich es nicht. Es: das Wichtigste. Das, worum es hier und heute geht. Ich kann es nicht wissen. Aber Sie, Sie werden es längst wissen, wenn Sie dieses Buch in Händen halten. Sie und ich, wir beide werden dann mehr, viel mehr wissen, als ich heute wissen kann, an diesem Tag im März, an dem ich diesen Text schreibe.

Was ich heute schon weiß: Ich bin in Erwartung. Ja! In freudiger Erwartung – auf ein Kind. (Damit ist auch das Rätsel aus dem letzten Kapitel gelöst: Ich habe nicht nur, wie berichtet, meine Küche aus- und umgeräumt, sondern meine ganze Wohnung. Um Platz zu schaffen, für Stubenwagen, Gitterbett, Strampelanzüge, Spieldecke, Fläschchenwärmer, Spielzeugschrank und was ein Winzling, der wachsen wird, eben sonst noch zum Leben braucht).

Jetzt, da Sie dieses Buch lesen, wird sich die Erwartung längst in Erfüllung und die gute Hoffnung in eine Gewissheit verwandelt haben. In welche? Das weiß ich jetzt noch nicht.

Laut Mutter-Kind-Pass sind es noch drei Wochen, bis mein Mädchen schlüpft. Wann genau es kommt? Ob es das Schlüpfen gut und gesund überlebt? Was für ein Wesen, für ein Menschenkind es ist, in welchem Körper es wohnen wird, welche Gaben und welche Herausforderungen es sich für dieses Mal mitgebracht hat auf diese verrückte und doch so freundliche Erde? Das alles ist noch unvorhersehbar. Auch wenn die Frauenärztin noch so oft sagt: »Alles bestens, alles nach Plan.« Wessen Plan? Auch das weiß ich nicht.

Heute, in Ihrer Gegenwart, in der Sie dieses Buch in Händen halten und dieses Wunderkapitel lesen, wird natürlich auch noch nicht alles wissbar sein. Aber doch schon viel mehr als in meinem Heute, Anfang März 2017.

Natürlich ist da Bangen. Beten und ein Hauch von Sorge, ob wohl alles gut gehen wird. Stärker jedoch ist das Vertrauen, kein blindes Vertrauen, kein Kinderglaube, der sagt: »Bestimmt, ganz bestimmt wird alles gut.« Sondern eine tiefere, eine fundamentalere Gewissheit: Immer, immer weiß das Morgen mehr. Immer gibt es jetzt etwas, das ich noch nicht weiß, aber bald wissen darf. Einfach deshalb, weil das Morgen mit Sicherheit kommt.

So gesehen dürfen wir alle, ständig, in freudiger Erwartung sein. In Erwartung des Neuen, das das Morgen schon bereithält, das es uns aber jetzt noch nicht verrät. Vielleicht ist manches heute schon ahnbar, beinahe offensichtlich, wie der rosa Hausschuh an meinem Fuß, der heimlich zuckt und zu kichern scheint, während mein Spielgefährte nach rosaroten Dingen sucht.

Gewissheit gibt es heute nicht für das, was das Morgen verrät. Doch gewiss wird es kommen, das klügere, weisere Morgen. Und immer wieder auch: ein neues Heute, das offene Fäden in die Zukunft spinnt.

Wundersam. Geborgen im Lauf der Zeit, so darf ich mich fühlen. In diesem Vertrauen kann ich, heute, gut schlafen gehen. Und dem großen Tag entgegensehen, der, wie jeder Tag, einer sein wird, der mehr weiß als der Tag vorher – und mir gewiss wieder neue, herrlich große Fragen schenkt.

Wunder muss man nicht verstehen

Sommerzeit. Wanderzeit! Die festen Schuhe freuen sich. Endlich dürfen sie wieder zum Einsatz kommen, gatschen und matschen und uns zeigen, dass sie bereit sind, mit uns durch dick und dünn, bergauf und bergab und immer auch wieder nach Hause zu gehen.

Wandern Sie auch so gern wie ich? Es muss ja nicht gleich eine Bergbesteigung sein. Ich finde, das Wandern beginnt, wo man nicht nach draußen geht, um ein Ziel zu erreichen, sondern da, wo »draußen« schon das Ziel ist. Da, wo man losgeht, um zu atmen und dem Herz beim Klopfen zuzuhören.

Ich persönlich liebe das Spazieren auf bekannten Wegen. Zwar habe ich mir letzten Sommer einen Wanderführer gekauft, um auch einmal neue Routen zu erkunden, aber letztlich lande ich doch immer wieder auf »meinem Weg«, auf dem ich jede Kurve, jede Steigung und alle Kühe kenne. Und auch all die Zäune, die sich – Gott und Bauern seien gelobt – zwischen mir und den Kühen befinden.

Ich bin ein echtes Gewohnheitswandertier. Wenn mein Liebster mich dazu überreden will, eine klitzekleine Änderung der Route vorzunehmen, streike ich eigentlich immer. Es kommt nichts Gutes dabei heraus, wenn man von der Gewohnheit abweicht. Sage ich. Und stapfe weiter, immer weiter, in meinen eigenen Spuren dahin.

Somit ist es eigentlich kein Wunder, dass das Wunder, von dem ich Ihnen heute erzähle, nicht zu mir, sondern zu meinem Mann gekommen ist. Warum ich es trotzdem – auch – zu meinen Wundern zähle, liegt daran, dass ich nicht nur stolz auf meinen Wandersmann bin, sondern auch ein bisschen stolz auf mich: Immerhin habe ich meinem Liebsten geglaubt, als er mir von seinem Wunder erzählte. Immerhin habe ich dem Wunder eine Chance gegeben und war (ausnahmsweise) bereit, den gewohnten Weg zu verlassen.

»Stell dir vor, da habe ich jüngst einen neuen Waldweg entdeckt. Ich glaube, er führt direkt zu unserem Haus.« So hat es mein Liebster erzählt. Der Wald, von dem er sprach, liegt rechts neben der bekannten Straße, die in weiten Kurven, am Ende unserer Runde, zu uns nach Hause führt. Beim nächsten Spaziergang inspizierten wir den Pfad. Er war nicht neu, war gut ausgetreten, ganz deutlich zu sehen. Wir hatten ihn, in ganzen fünf Jahren, einfach nur noch nicht bemerkt.

Ich muss gestehen: Auch heute, nachdem ich diesen neuen Waldweg schon sechsmal gegangen bin, ist es für mich noch ein Wunder. Es ist ein Wunder, dass mein Mann diesen Weg entdeckt hat. Ein noch größeres Wunder, dass wir ihn vorher nie gesehen haben. Das größte

Wunder von allen aber ist dieses: dass dieser Weg tatsächlich auf direktem Weg, ohne Haken, ohne schreckliche Steigung, ohne Gestrüpp, ja sogar ganz ohne Kuh zu uns nach Hause führt.

Mein Orientierungssinn begreift es bis heute nicht. Ich kann mir nicht wirklich erklären, warum ich nach rechts abbiegen soll, wo die Straße zum Haus doch eindeutig geradeaus führt. Aber ... es klappt. Jedes Mal!

Der alte, vertraute Weg, der mir (das verrate ich jetzt aber nur Ihnen) ohnehin immer ein bisschen zu anstrengend war, ist nun um fünfzehn Minuten und um eine sehr steile Steigung kürzer geworden. Wie? Durch ein Wunder. Ein Wunder, das immer schon da war und fünf Jahre darauf gewartet hat, dass wir es sehen. Ein Wunder, das sich eröffnete, als Möglichkeit. Ich hatte die Wahl. Beim Alten zu bleiben oder den Trott, die Angst vor böser Überraschung, vor Ungemach, Umweg und Stacheldrahtzaun zu überwinden. Um an den Weg zu glauben, der unlogisch schien.

Ich hatte die Wahl, mich dem Wunder zu stellen. Zugegeben: Es war nicht sehr schwer. Doch ich habe die Lehre begriffen. Nun frage ich mich: Wie viele Wunder warten noch seit Jahren darauf, dass ich sie entdecke? Ich ahne: Es sind viele. Die meisten von ihnen liegen nicht auf dem breiten, vertrauten Weg, sondern da, wo er abzweigt, wo man nicht ganz sicher sein kann, ob struppiges Dickicht wartet oder ein neuer Horizont – vielleicht sogar ein leichterer Weg.

»Mut heißt: trotz der Angst handlungsfähig zu bleiben, und die Angst als Ratgeberin nicht zu ernst zu nehmen.«

Das sagte die Schulgründerin und Visionsumsetzerin Margret Rasfeld einst in einem Dialog, in dem ich ihr lauschen durfte. Ich habe mir diesen Satz zu Herzen genommen. Und ich ergänze, in Gedanken an meinen neuen Wunderweg: Mut heißt auch, Wundern entgegenzugehen. Sie warten dort, wo wir bereit sind, den vertrauten Pfad zu verlassen und Neues zu wagen – auch wenn wir nicht genau verstehen, wohin der Weg uns führt.

Das Wunder,
das ich endlich sah

Momente wie diese. Oh! Ich nenne sie gern: exquisit. Köstlich, erlesen. Oder wertvoll, fantastisch, famos. Ich zelebriere, inhaliere sie. Und erlaube ihnen gern, mich voll zu ergreifen – so, als wäre es wieder, und jedes Mal wieder, zum ersten Mal.

Gerade eben hat mich ein solcher Moment, ein echter Wundermoment erfasst. Ich muss meistens lachen in diesen Momenten. Auch jetzt.

»Was hast du?«, fragte mein Liebster, im Raum nebenan. »Oh, nichts. Nur ein Wunder.« »Was für eines?«, fragte er. Fast hätte ich zur Antwort einen Satz von Martin Buber zitiert: »Freilich, nichts Besonderes, so ist es alle Tage, nur wir sind alle Tage nicht da.« Ich habe stattdessen um Ruhe gebeten und mich hingesetzt, um ein – im Grunde längst fälliges – Loblied zu schreiben.

Hier ist es, mein Lob. An ein Wunder gerichtet, das eben vor meinen Augen Wirklichkeit wurde, obwohl es schon lange ein Teil meines Lebens ist. Ich habe es ständig vor Augen gehabt – und es doch nie als Wunder erkannt.

Ich habe es gebraucht, in Hüllen und Mappen gesteckt oder achtlos zur Seite gelegt. Es wurde zerrissen, zerknüllt, in den Müllsack gestopft. Und doch blieb es treu. Fast immer in Griffweite, bis heute bei mir.

Wohl dir, liebes Wunder. Du verlässliches, haltbares, das ich berühren, betasten, lieben und streicheln darf. Du hältst dich verfügbar. Wartest, manchmal monatelang, bis ich dich, genau dich, aus dem Stapel ziehe. Bist nicht gerade groß – kaum so lang wie mein Unterarm, breit wie die Spanne meiner Finger – und doch hat alles auf dir Platz. Ein ganzes Leben? Warum nicht. Gern auch die Unendlichkeit hoch zehn – pah, das ist gar nichts!

Du lockst mich zu mehr, zu mehr Themen, mehr Mut. Du, leicht wie ein Luftzug, hältst auch Gewichtigem stand, gibst nicht einmal nach, wenn ich dich mit triefendem Stoff überschütte oder auf deinem Rücken erprobe, wie es ist, einmal gnadenlos hart oder spitz wie ein Messer zu sein.

Wie viele Stunden haben wir schon miteinander verbracht. Womit habe ich dich nicht schon überhäuft … Mit Geheimnissen, schwülstigen Peinlichkeiten. Mit Pathetischem, Kleinlichem, mit nächtlicher Wirrnis, täglichem Kram, mit akribischen Listen, Juchus und Todos.

Ohne dich wäre das alles nur lästig, reiner Ballast. Mit dir, auf dir wird es plötzlich zu Sinn. Wie das geht, warum du immer das entscheidende Quäntchen mehr weißt als ich, wie du es schaffst, meine Worte zu locken, wenn das, was ich eigentlich sagen wollte, ins Leere zu laufen droht – das bleibt mir ein Rätsel. Ich muss es nicht verstehen. Es reicht mir zu wissen, dass ich dir vertrauen kann.

Leicht hast du es nicht mit solchen wie mir. Jedes Mal, wenn wir einander begegnen – du frisch, wie gelüftet, ich meistens angespannt, mit einem Kopf voll Gedanken, die immer irgendwie rau und verrostet sind –, musst du erst einmal warten, bis ich mich überwinde. Ich zögere, atme. Und du? Bleibst aufmerksam stumm.

Wir wissen beide: Es ist an mir, erst einmal. Es muss mir allein gelingen: mich zu entscheiden, gegen die Stimme der Vorsicht, die nur das Bekannte, Wiederholbare mag. Erst im Sprung, im freien Fall kann er kommen: der erste geschriebene Satz. Er ist mein persönlicher Einsatz. Mein Pfand an dich, das du schnell, im Flug, übernimmst. Von nun an stellst du mir die Fragen, Fragen aus Luft, die ich nicht überhören kann. Sie weisen mir, Schritt für Schritt, den weiteren Weg ins Unvorhersehbare, ins jungfräuliche Neuland der Worte.

Als Kind, da habe ich mit Federn, die ich in Zitronensaft tauchte, unsichtbare Nachrichten auf Papier gemalt. Meine Mutter musste das Bügeleisen holen, und unter der Hitze bräunte sich die Botschaft, die wir dann gemeinsam bestaunten. Damals: ein Zaubertrick. Worte erschienen aus dem Nichts. Ich, das Mädchen, kicherte, jubelte – und ich juble noch heute.

Inzwischen weiß ich das Beste: Zauberei braucht kein Bügeleisen. Auch keinen Zitronensaft. Ich brauche nur einen Kugelschreiber. Und dich, natürlich, liebes Wunder.

210 mal 297. So lautet die Formel, die Zauberzahl, in Millimetern gemessen. Es ist deine Zahl, liebes Wunder. Ich danke dir für diesen klar begrenzten, unendlich weiten Raum, den du mir schenkst. Ich danke dir für deine

Neugier, mit der du mich und uns alle verwöhnst, uns, die wir suchen, versuchen, fragen, schreiben und Ehrlichkeit wagen.

Wie gut, wie wunderbar, wie lebensrettend, dass es dich gibt. Du, geliebtes, hochverehrtes, edelweißes: du ganz normales Blatt Papier.

Manche Wunder
kauen Gras

Meine Freundin hat in ihrem Spanienurlaub Zebras gesehen. Und sie sagt, das sei ein Wunder. Ein echtes. Ein Wunder, von dem sie mir, als wir uns nach dem Urlaub trafen, unbedingt erzählen musste.

Diese Zebras bedeuten ihr viel. Mehr als die mitgebrachte Sommerbräune, mehr als die sieben Kilo, die sie beim Weitwandern verloren hat, mehr als die Erinnerung an den ganzen langen Weg, der nun tatsächlich hinter ihr liegt, obwohl ihr viele, vor ihrer Reise, von diesem Irrsinn abgeraten hatten.

Das Zebrawunder, es bestand nicht darin, dass die Tiere auf rätselhafte Weise aus ihrer eigentlichen Klimazone galoppiert waren. Auch nicht etwa darin, dass die Zebras plötzlich in der Fußgängerzone standen oder im Zug. Nein: Die gestreiften Tiere grasten ruhig in einem ordentlichen Zuchtgehege, das auch als solches gekennzeichnet war, und sie hatten bestimmt nicht vor, ein Wunder zu werden. Sie ließen sich geduldig fotografieren, ohne davonzulaufen.

Nicht jedes Wunder ist flüchtig. Manche Wunder kauen Gras.

Warum also ein Wunder? Ganz einfach. Zebras sind schwarzweiß. Genauso schwarz-weiß wie die Wäsche, die eine Tagesetappe zuvor an der Leine am Wegrand geflattert hatte. So wie die Fassade des kleinen Hotels, in dem meine Freundin unterwegs einkehrte, weil es nirgends sonst ein freies Lager gab. Schwarzweiß wie die beiden Heiligenstatuen, die vor der Pilgerkirche in diesem kleinen Ort, dessen Name keine Rolle spielt, Wache zu halten schienen, rechts und links neben dem Portal.

Und genauso schwarz-weiß gestreift wie das Kostüm, das meine modebewusste Freundin am Tag ihrer Hochzeit getragen hatte. Am Tag der Hochzeit mit einem Mann, der sie später wegen einer anderen verlassen sollte – und der sie, ohne es zu wissen, auf diesen langen Weg schickte, der als Abschied gedacht war und als Suche nach Versöhnung und Trennung in Liebe.

Die Zebras schleckten Salz von der Handfläche meiner Freundin. Sie sahen ihr in die Augen, lange, sie ließen sich streicheln. Dann sprangen sie lustig davon, alle zugleich, als hätte jemand nach ihnen gepfiffen. Meine Freundin blieb am Zaun stehen und weinte. Ihr Wunder hatte sie erwischt, sie hatte es erkannt und seine Botschaft verstanden.

Es ist vorbei, es ist alles gut. Die schwarzweißen Streifen dürfen losgelassen werden. Es darf nun leicht weitergehen, kraftvoll und geschwind.

»Ist das nicht ein Wunder?«, fragte mich meine Freundin mehrmals, als sie mir von den seltsamen Zufällen in

Schwarz-weiß erzählte. Ich sagte nichts. Und fragte mich erst später: Soll man so etwas ein Wunder nennen? Ist es ein Wunder, wenn der Zufall Streiche spielt? Ist es ein Wunder, wenn seltsame Häufungen uns in lächelndes Erstaunen versetzen und uns erlauben, uns im Gefühl zu wiegen, dass wir von irgendetwas, von irgendjemandem gesehen und gemeint sind? Dass diese Hinweise am Schnitzeljagd-Pfad unseres Lebens tatsächlich eine Bedeutung hätten?

Ich habe vor Kurzem einen zwanzig Jahre alten Actionfilm heruntergeladen und angesehen. Eine Schauspielerin, die nur kurz aus der Menge der Statisten trat, kam mir irgendwie bekannt vor. Ich recherchierte später ihren Namen. Ah ja: Sie hat kürzlich einen Oscar gewonnen, mit einem Film, dessen Trailer ich kenne. Alles klar. Tags darauf sah ich mir noch einmal einen alten Film am Computer an, diesmal einen Liebesfilm. Wer spielte die beste Freundin der Hauptfigur? Dieselbe Schauspielerin. So ein Zufall! Ein paar Tage später ging ich ins Kino. Nun, Sie können sich denken, wer – nein, ich wusste es vorher nicht – die Hauptrolle spielte.

Julianne Moore ist mir dreimal in einer Woche begegnet. Soll ich das meiner Freundin erzählen? Soll ich sie fragen, ob das ein Wunder ist – und was es zu bedeuten hat?

Nein, ich glaube nicht, dass jeder Zufall ein Wunder ist. Aber ich glaube doch, dass die Welt auch das Mittel der Wiederholung nutzt, um uns Wunder zu schenken. Wunder, die wir brauchen. Zeichen, um die wir bitten und die wir erkennen. Zeichen, die uns etwas mitteilen, das tiefer reicht als ein Grinsen und ein »Lustig, nicht wahr?«.

Das Wunder der Zebras war nicht lustig. Es war sanft – aber schmerzhaft. Leichtfüßig, tanzend – aber voll Endgültigkeit. Es ist erzählbar, eine Geschichte, die man teilen kann – und doch, in Wahrheit, höchst intim.

Ein wahres Wunder endet nicht mit einer lockeren Pointe. Ein Wunder ist gar kein Endpunkt, sondern ein Anfang, ein Neubeginn. Die Zebras galoppierten davon, ohne sich umzudrehen. Meine Freundin ist weitergegangen, hinein in die Wunder nach dem Wunder. In ein neues Leben, das ihr Angst macht und Mut, beides zugleich, mit seinen vielen neuen Farbschattierungen jenseits von Schwarz und Weiß.

Wunder, Welt
und Wolkenbruch

Ich sitze da und will schreiben. Draußen, da sieht es nach Regen aus. Der Wind fährt dem Baum, der vor meinem Fenster steht, durch die Haare, er zerzaust ihm seine dunkelgrüne Blattfrisur. Ein paar Fenster im Hof stehen noch offen, eines von ihnen wurde gerade geschlossen. Nicht hastig, sondern fürsorglich. Die Frau im Haus gegenüber hat zuerst noch eine Weile in Richtung Himmel geschaut, als wollte sie mit dem, der da oben plötzlich das Licht gedimmt hat, die Lage klären. Alles gut? Alles nach Plan?

Wir richten uns ein: auf das Gewitter, das nach der schwülen Hitze der vergangenen Tage Erleichterung bringen soll. Das Beben hinter den Dächern, das Räuspern des Himmels, so grimmig und grollend es auch klingen mag, ist uns heute höchst willkommen.

»Mit diesem Wetter kennt sich keiner mehr aus«, hat meine Freundin neulich gesagt. »Auf den Wetterbericht ist kein Verlass mehr, immer kommt es anders, als man denkt. Und immer habe ich das Falsche an.«

Meine Freundin hat recht: Das Wetter war in den letzten Wochen tatsächlich unberechenbar. Und auch heute, auch jetzt, da die Amseln und Spatzen laut ihre Regengesänge von den Dächern rufen und manch einer unten auf der Straße hastig den Schirm aus seiner Tasche kramt, kann ich nicht mit Sicherheit sagen, ob das Gewitter tatsächlich kommen wird oder ob es sich doch noch einmal verzieht. Man kennt sich wirklich nicht mehr aus mit den Zeichen des Himmels. Jedenfalls, was das Wetter betrifft.

Ich wende mich vom Fenster ab. Überlege, ob ich das Licht aufdrehen oder die hereinfallende Finsternis noch ein wenig genießen soll. Ich entscheide mich für das Dunkel. Und beginne, endlich, zu schreiben. Das Wunder, von dem ich Ihnen heute erzählen will, handelt von einem Gewitter, das sich nicht ankündigte, sondern höchst überraschend kam. Mittags, am Dienstag vor einer Woche.

Ich ging gerade mit meiner Tochter spazieren. Wir waren auf dem Weg zu meinen Eltern. Meine Mutter hatte Reisfleisch gekocht und wartete schon auf uns, ich hatte gerade genug Hunger, um mich schon ordentlich aufs Essen zu freuen, mein Mädchen schlief im Kinderwagen. Alles war perfekt, ich war richtig gut gelaunt – und blieb es auch, als aus heiterem Himmel ein dicker Regentropfen auf meine Nase fiel. Ein erster und gleich noch einer. Und dann ganz viele. Ein richtiger Wolkenbruch! Ich hatte keinen Schirm dabei. Bald tropfte das Wasser nicht mehr auf meine Nase, sondern von meiner Nasenspitze. Meine Haare trieften. Als ich in einem Schaufenster mein Spiegelbild betrachtete, schaute mir ein begossener Pudel auf zwei Beinen entgegen. Ein Pudel, der einen Kinderwagen schob – und trotzdem, immer noch, höchst gute Laune hatte. Denn, Regenfrisur und triefende Kleidung hin oder her, ich lief zwar durch den Regen, aber: Ich war nicht nass.

Ja, das war mein Wunder: Ich war nicht nass. Ich meine: Ich fühlte mich überhaupt nicht nass. Nicht wirklich. Nicht innendrin. Der Regen durchnässte zwar meine Kleidung, meine Haare, meine Haut – aber er drang nicht an meinen Kern. Er machte mir nichts aus, er machte *mich* nicht aus. In mir drinnen, da schien die Sonne. Da war und blieb es trocken und warm.

Ist es vermessen, meine Erfahrung mit einem der Wunder Jesu zu vergleichen? Mit der Geschichte, die davon handelt, dass er über den See Genezareth wandelte und dabei nicht ins Wasser fiel? Ich hatte das Gefühl, dass ich gerade etwas Ähnliches erlebte wie er. Zwar nicht aus eigener Wunderkraft, sondern in Form eines Geschenks. Ich meinte, die Botschaft des Wunders zu verstehen: Du musst nicht nass werden, nur weil über oder unter dir eine Menge Wasser ist. Du musst nicht alles einsickern lassen, was dich besudeln will. Dein Kern ist stärker als das, was dich zu verschlingen droht. Stärker als das, was unter dir plätschert. Und stärker als das, was sich von oben über deine Haare ergießt.

Dieses Erlebnis ist keine Selbstverständlichkeit. Ich denke an Tage, an denen schon ein kleiner Nieselregen reicht, um mich zum Bibbern und Jammern zu bringen. Ich denke an so manchen kühlen Windhauch, vor dem ich mich ducke wie vor einem Polarsturm. Regen, Wind, Kälte, Ungemütlichkeit, Unfreundlichkeit, Härte: Das alles kommt immer wieder auf mich zu. Das Wunder liegt in der Antwort, die mein Körper gibt. Lässt er sich verschrecken, sackt er in sich zusammen? Ignoriert er, was er spürt? Oder bäumt er sich auf, in Abwehr und Trotz?

Was ich letzten Dienstag erlebte, ist für mich ein Wunder, weil zwei Dinge gleichzeitig stattfanden: Mein Körper sagte Ja zum Regen. Er wehrte sich nicht gegen das Nasse, gegen die plötzliche Flut. Und wurde trotzdem – oder gerade deshalb? – nicht erschüttert und nicht zermürbt.

Gern würde ich mir diese Haltung vornehmen, als Prinzip für den Alltag. Ja zu sagen. Alles wohlwollend an mich heranzulassen, in voller Wucht – und trotzdem im Innersten ganz ich selbst zu bleiben und meinen eigenen Kern, meine Stabilität nicht zu verlieren. Doch wenn das so einfach wäre und immer gelänge, dann wäre es ja kein Wunder mehr.

Besser als jedes Konzept scheint es mir, die Wiederholung des Wunders für möglich zu halten. Das Wunder zu begrüßen, wenn es sich noch einmal zeigt, in welcher Situation auch immer. Und dankbar zu sein – gerade weil der Sommertanz durch den Regen nicht immer funktioniert und weil er nicht selbstverständlich ist.

Ich stehe auf, strecke mich und öffne das Fenster. Der Gesang der Vögel ist wieder leiser geworden. Der Himmel hat, während ich nicht hingeschaut habe, seinen grauen Umhang abgelegt und zeigt sich wieder in hellem Blau. Kein Gewitter, kein Regen, kein Luftzug mehr. Meine Nachbarin winkt mir zu, quer über den Hof. Wir wollten schon lange einmal Kaffee miteinander trinken. Ich denke, ich werde zu ihr rübergehen.

Das Wunder
des ersten Schrittes

Es ist Sommer. Hochsommer. An meinen Fensterscheiben, da spielen die Wespen Kamikaze. Der Geruch von angewärmtem Holz schlingelt sich wendig durch die offene Balkontür. Ich bin erst vor Kurzem vom Italienurlaub nach Hause gekommen und immer noch ziemlich brezelbraun. Und ich muss Ihnen heute dringend von einem Wunder erzählen, das mir auf meiner sommerlichen Reise begegnet ist.

Wir, das Wunder und ich, haben uns diesmal sogar mehrmals getroffen. Ungefähr so, wie man dieselben sonnenverbrannten Australier erst an der Eisdiele, später im Museum und abends auch noch im Fischlokal trifft – und dann, Wunder über Wunder, am nächsten Tag wieder, im staubigen, winzig skurrilen Bergdorf, hundert Kilometer vom Ausflugsziel des Vortags entfernt.

Genau so war es heuer mit dem Wunder und mir. Zum ersten Mal trafen wir uns auf einem Gletscher in Südtirol, eine Woche später in Assisi, dann in den Weinbergen der Via Fracigena und drei Tage später noch einmal am Parkplatz des Nassfeldpasses. Und erst da, bei unserem vierten Rendezvous, habe ich das, was mir wieder und wieder begegnet ist, als Wunder erkannt.

Stellen Sie sich vor: Sie suchen im bestbesuchten Touristenhotspot der Toskana einen Parkplatz für Ihren Wagen. Das Parkhaus ist besetzt, Sie ziehen drei großräumige Runden um den Berg der Basilika, ehe Sie doch murrend die Straße bergab rollen, auf der Sie gekommen sind, und einen Parkplatz akzeptieren, der zwanzig Minuten Fußweg bedeutet. (Hätten Sie den Parkplatz sofort genommen statt zu kurven, stünden Sie jetzt übrigens schon längst in der Pontano-Kapelle.) Sie steigen aus. Mühsam setzen Sie die ersten Schritte, schleifen die Sandalen trotzig über den Beton. Doch bald finden Sie einen guten Rhythmus, schon haben Sie sich an die Steigung gewöhnt. Sie lachen auf: Seltsam … hatten Sie nicht vor einer Woche gerade das Bergsteigen in Italien zu Ihrem Tagesprogramm gemacht? Warum nicht auch jetzt den Berg genießen, der vor Ihnen liegt?

»Möchtest du mit mir eine Runde spazieren?« Mein Mann, zwei Tage später. Ich döste im klimatisierten Hotelzimmer, schüttelte den Kopf. Es war doch gerade so bequem! Weil ich mich überreden ließ, fand mich mein Wunder dann doch. Es saß neben einem Rebstock, winkte mir zu. »Na, noch träge?« Nein! Das Gehen machte Spaß, schon nach wenigen Schritten war ich in Schwung.

Noch einmal hätte ich beinahe Nein gesagt. Auf dem Heimweg aus Italien überquerten wir den Pass nach Kärnten. »Aussteigen, eine kleine Runde?« »Ööhm … na gut.« Schon wieder: die Faulheit, dann ein erster, ein zweiter

Schritt im Freien, schon geht es sich wie von selbst. Ich fühle mich wie ausgewechselt.

Was sagt mir mein Wunder? Die Hürden der Bequemlichkeit sind überall. Sie lullen uns ein und machen uns weis, dass es nur einen passenden Rhythmus gibt, nämlich den, in dem wir gerade verharren. Das Wunder muss schon ordentlich pusten, um unsere Sohlen mit einem Hauch von Leben zu inspirieren. Aber dann ... geht es so schnell. So schnell!

Wie viele Hürden gibt es da wohl noch, die mit wenigen Schritten überwunden, getilgt und durch Freude ersetzt wären? Als wacher Mensch muss ich mich fragen, ob die Hürde, die noch, scheinbar, zwischen mir und den syrischen Menschen im nahen Auffanglager besteht, nicht ebenso leicht zu durchbrechen wäre. Ob meine Kraft, etwas zu bewirken, vielleicht nur ein, zwei erste Schritte braucht, um ungeahnten Schwung zu befreien. Ob die Autotür am Nassfeld nur eine von vielen Türen ist, die mein Wunder mir öffnen will.

Bald kommt der Herbst. Was für eine gute Zeit, um weiter spazieren zu gehen. Und das Wunder der ersten Schritte auszuprobieren. Wo? Überall dort, wo es ein winziges bisschen zu gemütlich ist und ein erster Schritt über die Hürde der Bequemlichkeit sich lohnen könnte.

Intermezzo: Wenn ich nur irgendetwas hätte, das ich zerdrücken kann!

*U*nbändige Lebensfreude lässt uns strahlen. Sie ist ein großes Geschenk. Wie kann es uns gelingen, sie zum Ehrengast in unserem Leben zu machen? Das will ich mich in diesem Intermezzo fragen.

Im Grunde sollten Sie dieses Kapitel gar nicht lesen. Und im Grunde sollte ich es nicht einmal schreiben. Denn Sie und ich, wir wissen es beide: Echte, lebendige Lebensfreude wird nicht am Schreibtisch geboren. Sie funkelt und kribbelt und hüpft, aber doch nicht da, wo wir in einem Buch blättern. Sie entsteht ganz anders. Nämlich da, wo wir …

Ja. Im Grunde wissen Sie genau, was Sie eigentlich tun sollten. Jetzt gleich, am besten sofort. Ich bin sicher: Sie erinnern sich gut daran, was es ist, das Ihnen wirklich, wirklich Freude macht.

Vielleicht ist es eine Weile her, dass Sie zum letzten Mal Schlittschuhlaufen waren, dass Sie barfuß durch kniehohes Gras oder durch den Regen gelaufen sind, dass Sie gemeinsam mit einer Freundin Tränen gelacht haben. Irgendetwas davon haben Sie vermutlich getan. Und es hat richtig große Freude gemacht. Stimmt's?

Lebensfreude. Damit meine ich nicht dieses kleine, verhohlene Schmunzeln, das um unsere Lippen spielt, wenn wir einen netten Witz in der Fernsehzeitung lesen. Ich denke auch nicht an die stille Freude des Genießens, die uns erfüllt, wenn wir den Tisch decken und eine Kerze anzünden, bevor wir in unser knuspriges Brot beißen und uns den selbst gemachten Hummus auf der Zunge zergehen lassen.

Lebensfreude ist mehr. Lebensfreude ist für mich: Freude in echter Lebensgröße. Eine Freude, die mich voll und ganz erfüllt, von den Haarspitzen bis hin zum kleinen Zeh. Eine Freude, die manchmal sogar so groß ist, dass ich sie kaum aushalten kann. Es kichert, es gluckst, es jubelt, es tanzt. Als Kind habe ich es einmal so formuliert: »Mama, ich bin so glücklich – wenn ich nur irgendetwas hätte, das ich zerdrücken kann!«

Lassen Sie es uns also tun. Lassen Sie uns aufstehen, hinausgehen, hinausfahren an den Rand der Stadt, dorthin, wo der Wald beginnt. Lassen Sie uns pfeifend losmarschieren, mit strammem Schritt, lassen Sie uns tief durchatmen und …

Oh. Spüren Sie es? Da ist er, der Zwiespalt, unser alter Bekannter. Er tritt leise auf, meldet sich als kleine Stimme in unserem Kopf, die uns erzählt, dass wir keine Zeit für solchen Unsinn haben. »Ein bisschen viel Aufwand, nur für etwas Freude«, sagt diese Stimme. Und spricht weiter: »Wer weiß, ob das überhaupt funktioniert? Wer kann schon versprechen, dass gerade der Wald die Freude schenkt, die du suchst? Lies erst mal weiter. Dann kannst du immer noch in deinen Terminkalender schauen.«

Im Grunde ... hat die liebe Stimme ja recht. Ich muss es gestehen: Lebensfreude auf Knopfdruck, planbare Lebensfreude mit Erfolgsgarantie, die gibt es tatsächlich nicht. Ja, in Wahrheit gibt es kaum ein größeres Risiko als das Versprechen der unbändigen Freude. Was tun wir nicht alles dafür? Wir buchen Urlaube, wir melden uns zu Seminaren an, wir kaufen uns einen tollen Jogginganzug und neue Schuhe. Wenn sich das Versprechen nicht einlöst, sind wir enttäuscht. Oder, schlimmer noch: Wir schämen uns für unseren selbst gemachten Traum vom Glück. Einen albernen Traum, der – kein Wunder – schon wieder nicht in Erfüllung ging.

»Genau«, sagt die kleine Stimme. Sie will uns schützen, vor der Enttäuschung, aber auch vor dem scheußlichen Gefühl der Scham. Denn jede Freude birgt Gefahren.

Sogar die, die sich erfüllt? Ja. Denn wie leicht passiert es, dass uns jemand unsere Freude, kaum geboren, schon wieder verdirbt! Da haben wir zum Beispiel endlich den Malkurs entdeckt, der uns glücklich macht. Strahlend kommen wir aus der ersten Stunde heim, ein orangerotes Acrylbild in der Hand. Unsere Wangen glühen vor Stolz. »Schau, was ich gemalt habe«, quietschen wir, mit einer Stimme, die gern viel lauter wäre, sich aber nicht so recht zu jubeln traut. »Mmhm«, murmelt der Sohn, während er weiter in sein iPhone tippt. Und der Mann hatte einen schlechten Tag und ist zu Zynismus aufgelegt. »Okay.

Und nächstes Mal geht's dann in hellblau weiter, was?« Autsch, das tut weh.

Kein Wunder, dass Sie immer noch lesen. Kein Wunder, dass ich immer noch hier sitze und schreibe, statt zu tollen und zu toben, zu singen und den Salto Mortale zu üben. Das ist einfach sicherer. Niemand lacht uns aus, wenn wir Lebensfreude am Papier genießen. Und ein bisschen kribbelt sie ja auch, die Vorstellung, das selbst gemalte, ausgedachte Bild von Glück. Ist das nicht fürs Erste genug?

Natürlich ist es das. Ich denke, wir dürfen dankbar sein für unsere Fantasie, die es uns ermöglicht, Lebensfreude im Schonwaschgang zu kosten. Wo immer wir auch sind, es gibt keinen falschen Ort und keine falsche Zeit für einen solchen Probelauf im Kopf.

Wenn nichts anderes geht, ist das schon sehr viel. Und doch: Wir sollten aufpassen, dass wir die wirkliche, wonnige Freude und das Kino im Kopf nicht aus Versehen zu verwechseln beginnen. Zumindest solange es noch geht, solange wir nicht bettlägerig sind, solange es uns noch möglich ist, zu laufen, zu springen und zu klecksen. Auch wenn es manchmal kleckert.

»Sei bitte vorsichtig«, säuselt die Stimme im Kopf. Ich frage mich: Ist das möglich? Können wir uns langsam herantasten an eine Freude, an die wir vielleicht nicht mehr so recht gewohnt sind? Können wir es vorsichtig miteinander probieren?

Eine schwierige Frage. Ich denke nach, versuche herauszufinden, ob es so etwas wie eine Räuberleiter der Freude gibt. Schmunzeln, lächeln, lachen, schreien … gehen, laufen, drehen, tanzen … Kann man Anlauf nehmen für den Sprung in die haltlose Freude?

Ich glaube: ja und nein. Ohne Zweifel braucht es den ersten, kleinen Schritt, die offene Bereitschaft, die Einladung an uns selbst. Die Lebensfreude kommt nicht ungeladen zu Besuch. Griesgrämiges, verkrampftes Stirnrunzeln schreckt sie ab. An Abenden, an denen das monotone Zappen mit der Fernbedienung die Hauptrolle spielt, bleibt sie lieber vor der Tür. Sie wartet. So lange, bis wir bereit sind für … ja, wofür? Worin liegt denn nun der Schlüssel zur Freude, der Schlüssel zum Glück?

Ich möchte Ihnen eine Geschichte aus meiner Vergangenheit als Clowndoctor erzählen. Meine Kollegen und ich hatten einmal einen Workshop bei einem berühmten Lehrer, mit dem wir eine Woche lang die Welt der großen Gefühle erforschten. Am zweiten Tag des Seminars stand das Ärgern auf dem Programm. Wir, die Clowns, übten stundenlang, uns kräftig zu wurmen. Wir lernten, dass wir dabei nicht versuchen sollten, komisch zu sein. Nein, es ging darum, den Ärger wirklich in uns hineinzulassen, bis in die Füße, bis hinter das rechte Ohr, ja, er musste hinauswachsen über uns selbst. Erst dann durften wir beginnen, mit ihm zu spielen. Unser Lehrer feuerte uns an. »Du musst dich mehr ärgern. Ja, noch mehr! Ärgere dich so lange, bis es dir richtig Spaß macht, dich zu ärgern!«

Ärgern als Aufwärmübung für die Freude? Ja – als Clown durfte ich erleben, dass das funktioniert. Wir müssen nicht unbedingt lächeln, um lebendig zu sein. Schon gar nicht dann, wenn uns nicht nach lachen zumute ist.

Die Bereitschaft zu echter Lebensfreude entsteht da, wo wir genau das begrüßen, was gerade in uns ist. Lebendigkeit stellt sich da ein, wo wir uns von uns selbst bewegen lassen, mit Lunge, Zwerchfell, Hand und Fuß. Hals über Kopf, mit Haut und Haar.

Die Lebensfreude selbst brauchen wir nicht zu üben. Sie ist ständig verfügbar, in voller Wucht, auch wenn wir sie eine Zeit lang vergessen haben. Doch wir können üben, ehrlich mit uns selbst zu sein und unsere Gefühle liebevoll anzunehmen.

Ärger, Angst, die Freude und auch die Traurigkeit. Sie gehören zusammen. Sie sind wie die Dauben eines Fasses. Das Wasser kann nur so hoch steigen, wie die kürzeste Daube reicht. Die Badewanne der Lebensfreude kann nur so groß werden wie unsere Toleranz für Gefühle jeglicher Art. Je weicher unser Zwerchfell wird, je mehr es uns gelingt zu zittern, zu beben und das pulsierende Leben in unserem Körper zu spüren, desto größer wird die Freude sein, die auf uns wartet.

Wenn es so weit ist, brauchen wir nichts mehr zu tun. Unsere Füße kennen den Weg, wir müssen ihnen nur noch folgen – auf die Wiese, in den Regen, in den Wald. Dorthin, wo es ihnen gefällt.

Ich weiß: Im Grunde haben Sie das die ganze Zeit gewusst. Wie schön, dass Sie dieses Kapitel trotzdem zu Ende gelesen haben. So können wir uns jetzt gemeinsam auf den Weg machen. Vielleicht treffen wir uns ja im Malkurs oder auch beim Joggen.

Und wenn uns jemand die Freude verdirbt, dann ärgern wir uns. Ein bisschen, und dann ein bisschen mehr.

So lange, bis es Spaß macht. Ich wünsche Ihnen viel Freude dabei und bei allem, was Sie heute, inklusive aller Gefühle, noch erleben.

Ein Wunder,
das mich interessiert

Wie viele Wunder sind es wohl, von denen ich Ihnen bisher erzählt habe? Ich sollte es wissen. Ich könnte sie zählen – und weiß es doch nicht. Denn ich habe meine Wundertexte nicht nummeriert, ich will sie auch nicht zählen, sie erscheinen mir – und das soll so bleiben, weil es so schön ist – fast so zahlreich wie die Sternlein an dem blauen Himmelszelt, jene aus dem Kinderlied, deren Zahl nur Gott kennen kann.

Was ich jedoch weiß, ist dieses: dass die Wunder, von denen ich hier schreibe, sehr unterschiedlich waren und sind. Manche von ihnen haben mich zum Kichern gebracht. Einige ließen mich jubeln, andere gerührt innehalten. Viele der Wunder habe ich nicht sofort, sondern erst im Rückblick erkannt. Andere haben mich auf charmante Weise überrascht.

Wenn Sie bis hierher gelesen haben, dann wissen Sie schon, dass es in meinem Leben seit Kurzem ein vollkommen neues Wunder gibt. Eines, das ich angreifen kann. Ein Wunder zum Schnuppern und Herzen, zum Liebkosen und Küssen. Ein Wunder, das nicht nur, flüchtig, dem Moment gehört, sondern eines, das offenbar beschlossen hat, erst einmal bei mir zu bleiben. Vielleicht, hoffentlich, wenn Gott will: für lange, sehr lange Zeit.

Das neue, quicklebendige Wunder bringt mich öfters zum Kichern. Zum Staunen, zum Jubeln. Vor allem aber bringt es mich zum Schweigen. Es ist groß, so übergroß! Es macht mich still und sprachlos vor Dankbarkeit und Glück.

Das Wunder, es hat einen Namen: Erika. Meine Tochter, mein Kind. Oh, fast fällt es mir schwer, das zu schreiben. »Mein« Kind. Darf ich denn Besitzansprüche an dieses kleine rosige Wunder stellen? Muss ich mich nicht jeden Moment daran erinnern, dass Wunder, auch wenn sie einem ziemlich ähnlich sehen, nur geliehen und von anderer Hand gegeben sind?

Erika ist da. Gesund. Und zauberhaft schön. Sie zeigt mir täglich, wie lange man dastehen, schweigen und Wunder bewundern kann. Zeigt mir auch, wie lustig es ist, angesichts eines Wunders nicht nur zu schweigen, sondern zu singen, zu tanzen, zu schaukeln, gemeinsam zu lachen und auch einmal jubelnd zu schreien. Wie lebendig so ein krakeelendes Wunder sein kann! Sie merken es: Ich kann kaum aufhören, vom Wunder zu schwärmen, das neuerdings, in Gestalt meiner Tochter, Teil meines Lebens ist.

Irgendwo habe ich einmal gelesen, dass sich Insekten, Bienen zum Beispiel oder Ameisen, nicht als Einzelwesen empfinden, sondern dass man Bienenschwarm und Ameisenstaat als Ganzes als Individuen betrachten und verstehen muss. Ähnlich verhält es sich mit dem Wunder, das ein Kind uns schenkt: Es ist ein einziges großes Wunder. Und besteht doch aus vielen hundert kleinen Wundermomenten von höchst unterschiedlicher Natur.

Wenn man es mit Babys zu tun hat, da wuselt es nur so vor Wundern. Ich will nun, für Sie, eine einzige kleine Wunderameise genauer betrachten. Das große Wunder macht sprachlos. Ein kleiner Wundermoment lässt sich leichter in Worte fassen.

Das Wunder geschah, als ich kürzlich im Wiener Stadtpark spazieren ging. Es war zuerst ein Kicherwunder, das mir dann später, im Rückblick, seine tiefere Bedeutung verriet. Das Kichern zuerst: Kennen Sie die Filme von Woody Allen? Bestimmt. Sie können sich sicher vorstellen, wie Woody Allen folgenden Umstand inszenieren würde: Eine Frau war jahrelang blind für das Thema Kind. Sie hat das Thema einfach weggeschoben, aus Selbstschutz verdrängt. Nun muss sie das nicht mehr. Und auf einmal, da ist die Welt voller Kinder.

Die Frau erwacht aus ihrer Verdrängung. So sähe das als komische Filmszene aus: nachmittags, im Park. Kinder, Kinderwagen überall. Nicht drei, nicht sieben. Nein: der ganze große Park voller wonniger Babys. Sie kommen von rechts, von links, von vorn und hinten. Eine Herde von Kinderwagen, ähnlich einer drängelnden, klingelnden schottischen Schafherde, durch die man sich nur mit Mühe einen Weg bahnen kann. Die Welt besteht aus nichts anderem mehr.

So sähe man es, in einem Woody-Allen-Film. Und so, genau so habe ich es lachend erlebt. Ich musste mich fragen: Wo waren diese Kinderwagen in den vergangenen

Jahren? Wie konnte es sein, dass ich sie nie gesehen habe? Und warum sehe ich jetzt auf einmal nichts anderes mehr?

Sie kennen es auch, diese Art von Wunder, stimmt's? Man ist jahrelang, vielleicht ein Leben lang blind. Plötzlich wacht man auf, ein Thema wird wichtig. Und auf einmal begegnet einem das, womit man sich beschäftigt, auf Schritt und Tritt.

Die meisten von uns kennen dieses Phänomen so gut, dass sie es nicht mehr als Wunder, sondern als Naturgesetz bezeichnen. Seit Rupert Sheldrake die Theorie der morphischen Felder formuliert hat, dürfen wir an die Gesetzmäßigkeit dieses Phänomens glauben. Und doch, so meine ich, verbirgt sich hinter diesem recht verlässlichen Naturphänomen ein unerklärliches Wunder.

Ich habe es, auf dem Heimweg vom Park und in den Tagen danach, probiert. Ich habe mich *interessiert*. Und gewartet, ob es Wirkung zeigt in dem, was mir entgegenkommt.

»Ich interessiere mich jetzt für Oldtimer«, habe ich mir gedacht. Und gewissenhaft Ausschau gehalten. Doch da kam kein Oldtimer. Tagelang. Kein Einziger. Es stimmt also doch nicht, dass sich das häuft, wofür wir uns interessieren. Oder?

Nun ja: Offenbar funktioniert es nur dann, wenn das Interesse dauerhaft, ernst und nicht beschlossen oder gewollt ist. Und hier habe ich das Wunder entdeckt. Denn woher kommt es, dieses tiefe Interesse, das mehr ist als Experiment und Spielerei? Es kommt nicht aus unserem Willen. Es ist mehr, es ist etwas völlig anderes als ein willentlicher Beschluss.

Ich darf mich neuerdings für Kinderwagen und Babys interessieren. Davor habe ich mich, plötzlich, für Malerei interessiert und überall Anfängerkurse gefunden. Als ich zwölf war, habe ich im Radio eine Querflöte spielen gehört – und zwei Wochen später die erste Stunde genommen, weil ich vom Flötenklang gefangen war.

In welchen morphischen Feldern haben Sie sich schon bewegt? Wofür dürfen Sie sich momentan interessieren? Woher kam das Interesse? Was hat es ausgelöst? Vielleicht wundern Sie sich, wenn Sie darüber nachdenken. Vielleicht, vielleicht hat auch Sie, vor Kurzem oder vor längerer Zeit, ein morphisches Wunder erwischt?

Eine Christbaumkugel voller Wunder

Wie lange darf man jemandem zum Geburtstag gratulieren? Bei uns heißt es: Solange das Geburtstagskind noch kein Sauerkraut gegessen hat. Wenn diese Regel stimmt, dann darf man mir das ganze Jahr lang alles Gute zum Geburtstag wünschen, denn ich mag kein Sauerkraut. Und mit der Genauigkeit von Daten habe ich es auch nicht so. Wer mich vergisst, darf gern alles nachholen. Immer und jederzeit.

Ich selbst kann diese Erlaubnis auch gut gebrauchen. Ich vergesse vieles, was wichtig ist. Und für manches, was ich nicht vergesse, habe ich einfach gerade keine Zeit. Dann muss ich darauf warten, dass Kairos, der flüchtige Gott des passenden Augenblicks, mich wieder einmal beehrt, damit ich eindeutig spüre: Jetzt! Genau jetzt passt es!

Heute war er da: der liebe Gott mit Namen Kairos. Er hat mich beim Aufwachen an der Nase gekitzelt, hat die Denkfalten, die mein Traum mir beschert hatte, glatt gestrichen und mir, ehe er sich wieder verflüchtigte, noch schnell ins Ohr gehaucht, wovon ich Ihnen jetzt erzählen soll. »Aber Weihnachten ist doch schon vorbei«, wollte ich ihm nachrufen. Zwecklos. Kairos bleibt nie lange, ist gleich wieder weg. Und mit seinen Ratschlägen hält er es so: Man kann sie nutzen, dann ist es gut. Man kann es auch bleiben lassen. Ihm doch egal. Zum Diskutieren hat er jedenfalls keine Zeit. Er hat mir also lächelnd erlaubt, Ihnen heute von meinem persönlichen Weihnachtswunder zu erzählen. Egal, ob Weihnachten ist oder nicht.

Weihnachtswunder: Haben Sie auch schon einmal eines erlebt? Zum Beispiel einen Streit, der sich plötzlich in Luft auflöste? Eine großartige Geschenkidee, die gerade noch in letzter Sekunde kam, ehe die Geschäfte zusperrten? Eine glückliche Fügung, die sich zufällig ergab, während Sie den Christbaum schmückten? Oder vielleicht jenes Wunder, das sich jedes Jahr am 24. Dezember hinter Millionen von Türen ereignet – und das doch immer, immer wieder einzigartig ist: das Leuchten und Strahlen der Augen im Gesicht eines kleinen Kindes, wenn es den Christbaum sieht.

Wie glücklich darf ich mich schätzen, dass ich dieses Strahlewunder nach neun Jahren ohne Kinder heuer wieder erleben durfte. Ein bisschen schäme ich mich dafür, dass ich gerade von diesem Wunder spreche, das ja beinahe schon ein Klischee ist. Wäre Kairos nicht gekommen, hätte ich mich vermutlich gar nicht getraut, von den leuchtenden Augen meines Kindes zu erzählen. So aber sage ich mir: Wunder werden nicht kleiner, nur weil sie sich an vielen Orten ereignen. Und zweitens ist meine Neugier geweckt. Sie will dieses Wunder nun aus der Kitschzone locken – und ein bisschen genauer darüber nachdenken, was es mit dem weihnachtlichen Strahlen auf sich hat. Warum es uns so besonders berührt.

Kinderaugen leuchten doch die ganze Zeit, denkt es in mir. So gesehen ist doch jeden Tag Weihnachten. Dann, wenn ein Kind in ein Stück Schokolade beißt. Wenn ein Baby mit Raschelpapier spielt. Wenn ein Hund gestreichelt werden darf, wenn eine neue Mütze passt und nicht kratzt, wenn Mama wieder um die Ecke kommt, um ihren Liebling in die Arme zu nehmen.

Warum ist das alltägliche Wunder nur zu Weihnachten so eindeutig, so groß, so herzerschütternd schön? Ich denke nach. Und während mein Kopf noch grübelt, findet meine Nase eine Antwort: weil es nach Tannennadeln riecht. Und nach selbst gebackenen Keksen. Mein ganzer Körper stimmt zu und ergänzt: weil der Raum erhellt ist von Kerzenschein. Weil »Ihr Kinderlein, kommet« dazu erklingt. Weil die Atmosphäre stimmt. Weil einfach alles zusammengehört und zusammenpasst.

Es sind die leuchtenden Augen, die uns auffallen und von denen wir einander erzählen. Sie sind Sinnbild für das wahre, große Wunder: dass es diese Momente im Leben gibt, in denen sich alles zu einem guten Ganzen fügt. Das, was wir vorbereitet haben. Das, was wir von anderen bekommen. Das, was wieder wie früher ist, und das, was sich als Gnade des Augenblicks erweist. Verlorenes, das sich wiederfindet. Ersehntes, Erhofftes, das wahr werden darf. Unangenehmes, das sich wandelt, und Gelungenes, zu dem wir beigetragen haben. Alles beisammen, im Wundermoment.

Ich kann nicht anders: Ich stelle mir vor, wie ich eines Tages nach meinem Tod mein Leben von oben betrachten werde. Aus der Ferne wird alles, was war, ganz nah zusammenrücken. Anfang und Ende werden sich zusammenbiegen wie die Enden eines Vanillekipferls. Alles, was ich erlebt habe, wird Platz haben in einer winzig kleinen Christbaumkugel. Und ich werde dastehen, mit leuchtenden Augen, und staunen. Weil sich alles fügt. Weil alles passt und zusammengehört. »Mein Leben? Ein Wunder!«, werde ich sagen. Und mich fühlen wie ein glückliches, seliges Kind.

Intermezzo:
Wunderbare Weihnachten

Ich habe noch nie zugesehen, wenn ein Baum gefällt wird. Aber ich kann es mir gut vorstellen: Wie es aussieht, wenn ein schwankender Riese sich dem Keil in seinem Stamm ergibt, wenn er langsam, gravitätisch zu fallen beginnt, wenn man rundum zur Seite tritt und alles für ein paar Wimpernschläge auf Zeitlupe gestellt ist. So lange, bis der grüne Freund satt und federnd am Boden gelandet ist, und noch ein paar Atemzüge, bis es wirklich wieder still ist, außen und innen, im Herzen der Förster, im Herzen der Natur.

Der einzige Baum, den ich je in meinem Leben fallen sah, hat beim Landen kein moosiges »Bumpf« gemacht. Stattdessen hat er ziemlich laut gekracht. Ich selbst hatte keine Zeit, würdig zur Seite zu treten, Zeitlupe hin oder her, ich war nicht schneller als der Baum und musste, die Zähne auf die Unterlippe gepresst, zusehen, wie mich der Baum unter sich begrub. Krach! Splinnng! »Moiiiink!!« ...

Es duftete auffallend gut nach Tannennadeln. Da, neben meinem linken Ohr, baumelte ein Schokoladenregenschirm, ein Zuckerkringel hatte sich unter meinem Sockenfuß, der gerade flüchten wollte, zerbröselt. Gott sei Dank waren die Scherben auf dem Parkettboden und nicht in meinen Augen gelandet. Still war es nicht. Meinem typischen »Meerschweinchenklagelaut« folgte eine Atempause, dann brachen meine Eltern, mein Bruder, schließlich auch ich in Lachen aus.

An diesem Tag wurde ich nicht nur zum ersten (und bisher letzten) Mal unter einem Christbaum begraben, es war auch das erste (wenn auch nicht unbedingt letzte) Mal, dass ich eine Stunde zu spät zur Schule kam. Ich wollte meiner Mama beim Aufräumen helfen, nicht zuletzt, um den Schaden zu sichten: Hatte ich, als ich beim allzu hurtigen Aufstehen vom Frühstückstisch den Christbaum mitgenommen hatte, alles kaputt gemacht, was zu unserem Weihnachtsschmuck gehörte? Das Ergebnis der Aufräumarbeiten fiel eindeutig aus: eine ganz schön schöne Bescherung! Die sechs roten, beinahe grapefruitgroßen Kugeln. Der Wipfelstern. Die Glasbläserkugeln aus Tante Pepis Erbstücken, die drei handgefertigten Modeln meiner Tante Lisi – und so ziemlich alle Zuckerkringel, die unsere Naschlust noch übrig gelassen hatte: ganz und gar kaputt. Ich war untröstlich. Mama machte mir Mut. Man kann zwar nicht alles im Leben nachkaufen, aber Christbaumschmuck gibt es wirklich auf jedem Weihnachtsmarkt.

Wir haben also neue Kugeln gekauft, im nächsten Advent. Das Rot der neuen Glasgrapefruits war genauso schön, die Nachfolgekugeln für das Erbe der Großtante waren mit silber glänzendem Flitter verziert. Lisi schenkte uns neue Modeln aus ihrem Fundus. Weihnachten war gerettet. Alles ganz neu – und doch, immer noch, ganz wie immer.

»Noch immer wie immer.« Wie tröstlich ist dieses Gefühl. Wie schön, dass es Dinge gibt, die sich erneuern dürfen und irgendwie doch immer gleich bleiben – sogar dann, wenn sie in Wahrheit schon längst ganz anders sind. Weihnachten zum Beispiel. Immer wieder, jedes Jahr.

Wenn ich heute meinen eigenen Weihnachtsbaum schmücke, so trägt dieser keine roten Grapefruits und auch keine Modeln mehr. Meine Kiste mit Weihnachtskram ist winzig klein, sie braucht nur Platz für zwölf Strohsterne, drei gehäkelte Engel und ein paar Reste von Seidenpapier, in das ich jedes Jahr ein paar (einzeln gekaufte) Lindorkugeln einpacke – drei Lagen, an den Enden in Streifchen geschnitten, verzwirbelt und dann zerzaust, bis sie aussehen wie der Schopf von Michel aus Lönneberga. Mein Weihnachtsbaum ist klein, anders, aber doch: *der* Weihnachtsbaum, der gleiche, nein, derselbe wie immer. Freund des Christkinds, bester Weihnachtskumpan. Wächter der Geschenke, tannennadelwarmer Duftmarkenträger der allerschönsten Zeit im Jahr.

Nicht nur er ist gleich geblieben, obwohl er sich verändert hat. Die Kekse, die ich backe, sind heute glutenfrei und müssen obendrein ohne Nüsse und Eier auskommen, das liegt an der Allergie meines liebsten Weihnachts(ehe)-mannes. Inzwischen bin ich zur Meisterin der ayurvedischen Plätzchenkunst avanciert. Vanillekipferln, Anisplätzchen, Rumkugeln, Kokosmakronen, das war einmal. Und doch ist das Schmatzen, sind die leuchtenden Augen beim Ausschlecken der Teigschüssel immer noch dieselben wie damals, als ich noch klein war – und jedes Lebkuchen-männchen größer als meine klebrige Kinderhand.

Die Geschenke sind kleiner, DVD-groß, gutschein-groß, handschuh-, mützenklein. Aber auch sie sind immer noch wahre Geschenke, verziert mit kringelndem Geschenkband, von jemandem, der liebt, für jemanden, der wissen darf, dass man ihn liebt. Dieselben herrlichen, echten Geschenke, so wie sie immer waren. Nun gut, wir empfinden das vielleicht nicht so, in dem Moment, da wir sie kaufen. Aber spätestens dann, wenn sie jemand empfängt, während die Wunderkerze gerade ihre letzten Funken zerblitzt: Da sind, da werden sie echt.

Worin besteht diese Magie, woher kommt dieser Hauch von Zeitlosigkeit? Was klebt die Weihnachtszutaten, die im Lauf der Jahre erneuert und Schritt für Schritt ausge-tauscht werden, zusammen zu diesem Ganzen, das immer noch »Weihnachten« heißt, nach »Weihnachten« duftet und jedes Jahr wieder das Christkind weckt? Was ist es, das siegt, über den Stress, über den Kaufrausch, sogar über den Druck der letzten Agenden im Büro, die sich just vor den Ferien aufbäumen wie ein Rentiergespann, das noch nicht losfliegen darf?

Ich glaube: Es sind die Erinnerungen, die Weihnach-ten genau zu dem machen, was es für immer ist und bleibt. Unsere Erinnerungen, meine, Ihre? Nein, nicht nur sie. Der magische Weihnachtszaubertrank ist aus zahlreiche-ren, kollektiveren Ingredienzen zusammengebraut. Weih-nachten ist größer, älter, weiter als jede und jeder von uns. Als wir gerade erst damit begannen, unseren inneren Vorratsschrank mit selbst Erlebtem zu bestücken, da war dieses »Weihnachten« längst in unsere Kinderweltkugel geätzt. Wir hatten bereits die Geschichten gehört, inhalierten den Tonfall, badeten wieder und wieder in dem, was sich schon vor unserer Zeit an Weihnachtswundern und Weihnachtswünschen ereignet hat.

Es ist zu hoffen, dass auch noch die siebenundsiebzigste Generation nach uns an dieser traditionellen Magie des »immer wieder immer schon« teilhaben darf. Und weil ich denke, dass auch die Geschichten rund um die Weihnacht immer wieder erfrischt und erneuert werden müssen, um letzten Endes die immer selben zu bleiben, möchte ich nun meinen Teil dazu beisteuern. Wie? Ganz einfach: Ich hänge sie an meinen Weihnachtsbaum, so haben wir alle etwas zu lachen. Vielleicht möchten Sie es mir ja heuer gleichtun und Ihren Weihnachtsbaum mit Symbolen für vergangene, glückliche Weihnachtsjahre schmücken. In meinem Fall baumelt da also: eine Kinderstrumpfhose in Pink. Eine Kugel, aber keine echte, sondern eine gezeichnete, auf Lochkartenpapier. Und ein Fensterrahmen (weil er zu groß ist, borge ich mir einen von Playmobil aus).

Meine Erinnerungen an Weihnachten beginnen mit einer Strumpfhose, die in eine Zeit gehört, in der Weihnachten noch kein stummes h hatte – jedenfalls für mich, das vierjährige Kindergartenkind. Ich weiß noch genau, wie es damals war, sehe das Flackern der Kerzen hinter der Milchglastür unseres Wohnzimmers. Gefühlte Stunden hatten wir vorher gewartet, fein angezogen, auf der Couch im Zimmer meines Bruders, das ausnahmsweise tip top aufgeräumt war – nicht von ihm, sondern von

Mama, die das einfach viel besser kann. Omi, mein Bruder, Mama, Papa und ich hockten, standen beisammen, ein wenig verlegen, so, als dürfe man mit so schönen Kleidern und so eleganten Schuhen keine alltäglichen Dinge sagen. Andere Dinge fielen uns nicht so leicht ein. Also warteten wir still. Papa sagte, er müsse aufs Klo. Ich musste eigentlich auch, aber das wollte ich nicht zugeben, viel wichtiger war es doch jetzt, aufs Christkind zu ... oh nein! »Bimmm, bimm bimm!« – »Papa, beeil dich! Das Christkind ist da!« Mist. Das Christkind kam immer, wenn Papa auf dem Klo war. Doch offenbar hatte Papa zu Weihnachten magische Fähigkeiten, denn irgendwie stand er dann doch immer schon längst vor dem Christbaum, während wir, einer nach dem anderen, leise ins Wohnzimmer schlichen. Oh, dieses Funkeln! Die Kerzen, die glänzenden Kugeln ... Am hellsten aber blitzten die Geschenke. Kistengroß, hundert Stück (mindestens), eingepackt und unter dem Baum verteilt. An die neunzig Geschenke waren natürlich für mich, die Kleinste. (Ich konnte zwar noch nicht schreiben, aber rechnen! Zählen, um genau zu sein. Jedenfalls sicher bis zehn). Ich packte aus und war beeindruckt: Das Christkind konnte besser lesen als ich. Es hatte wirklich alles gebracht, was in meinem, von Mama geschriebenen Wunschbrief gestanden hatte. Eine Puppenküche, Schaukelringe und die neuen Kleider für mein Mon Chi Chi. Was da im letzten Päckchen noch auf mich wartete? Weich und knisternd, bestimmt etwas ganz Bes... »Hä? Was ist denn das?!«

Lauter als die Weihnachtslieder von Papas Tonband hörte man meinen spitzen Empörungsruf. »Strumpfhosen?!

Wieso bringt mir das Christkind Strumpfhosen? Die brauche ich doch nicht geschenkt, die krieg ich doch sowieso von der Mama, weil ich sie *brauche*!« Vierjährige Logik unter dem Weihnachtsbaum.

Als ich dann sechs war, bekam Weihnachten sein stummes h. Im selben Jahr lernte ich in der Schule (nicht im Unterricht, sondern von meiner Sitznachbarin), dass es das Christkind gar nicht gab. Ich glaube ihr das bis heute nicht. Für mich ist das Christkind mindestens so real wie ein stummes h. Das eine hört man nicht, das andere sieht man nicht. Na und? Dass es das Christkind gibt, weiß ich ganz gewiss. Denn es hat mich tatsächlich erhört und mir nie wieder Strumpfhosen geschenkt. Ist das nicht Beweis genug?

Als ich acht war, bekam das Christkind Konkurrenz. Das schönste Geschenk machte mir damals nämlich ein Mensch, nicht erst am Abend, sondern schon am Weihnachtsnachmittag. Ich saß, wie jedes Jahr, am Tisch meiner Omi. Bei Omi, da waren fast immer Kinder zu Besuch, aber alle, alle zusammen waren nur zu Weihnachten da. Cousins und Cousinen, sogar die entfernten, die ich sonst nie traf. Einer von ihnen, Stefan, ist nur zwei Jahre älter als ich. Das weiß ich heute. Damals war er sehr, sehr groß, für mich sogar der Allergrößte. Ich war verliebt. Stefan zu treffen, ihn anhimmeln zu dürfen war besser als Keksebacken, wichtiger als der Pippi-Langstrumpf-Film im Fernsehen, schöner als Schlittenfahren. Stefan konnte alles. Zum Beispiel: zeichnen, so gut, dass einem die Augen beinahe aus dem Kopf purzelten. Fassungslos hatte ich ihm zugesehen, als er mich plötzlich fragte: »Soll ich dir etwas zeigen?« So schnell ist die Zeit, bis Papa uns abholen kam, nie vorher und nie nachher verflogen. Stefan brachte mir bei, wie man Kugeln malt. Dreidimensional, mit Schatten und Schraffur. An die hundert habe ich an diesem Weihnachtsnachmittag gezeichnet, schwarz-weiß und in allen Farben, kleine und riesig große. Papier war genug da, mein Papa arbeitete bei IBM und hatte, wie so oft, den Papiercontainer für uns Kinder geplündert. Bis heute denke ich an Kugeln, an Zuwendung, Mentorenschaft und das Geschenk der Geduld, wenn ich meinen Cousin Stefan sehe. Bis heute denke ich an Stefan, an Omi und an Weinachten, wenn ich kritzelnd Kugeln male, in Notizbücher, auf Schmierpapier, manchmal sogar in den Dampf auf der Duschwand.

Wenn Papa uns holte, zählten wir auf dem Heimweg Bescherungen. Das ist meine dritte lebendige Weihnachtserinnerung. Wir schauten durch alle Fensterscheiben auf dem Weg, suchten das flimmernde Licht, das sofort verriet: Hier hat das Christkind schon vorbeigeschaut, hier singt und küsst man schon und lacht. Ich weiß nicht, warum ich nie besorgt war, ob das Christkind auch schon bei uns zu Hause gewesen war, ob es uns vielleicht nicht gefunden hatte und unverrichteter Dinge weitergeflogen war. Es ist wohl ein Teil meines Urvertrauens, das ich als Kind geschenkt bekam. Keine Angst, das Christkind kommt immer zur richtigen Zeit. Die Sonne geht morgen bestimmt wieder auf. Und Mama und Papa sind bald wieder gut, auch wenn da jemand jetzt gerade gar nicht mit mir reden will.

Viele Geschichten gäbe es noch zu erzählen. Andere habe ich vermutlich vergessen. Nur eine letzte will noch

rasch zu Papier: Als ich zwölf war, haben wir alle gemeinsam an derselben Stelle mitten im Lied den Text von »Stille Nacht« vergessen. »Holder Knabe in lockigem Haar ...« öhm, wie ging das noch mal weiter? Seit damals schleicht Papa jedes Mal zum Plattenspieler, um Frank Sinatra als Souffleur anzuheuern. Bis jetzt habe ich es ihm jedes Mal streng verboten. Den Text ausdrucken und verteilen, das ist gerade noch erlaubt. Aber gesungen werden muss schon selber. Denn irgendetwas muss doch gleich bleiben. Genau gleich, wie immer ... auch wenn Omis Stimme, die immer einen Halbton daneben lag, inzwischen fehlt. Sie fehlt nur scheinbar. Wirklich verloren gegangen ist sie nicht. Omi ist da, sie gehört dazu. Zu Weihnachten, das niemals vergeht, solange es in unseren Herzen lebendig bleibt.

Ein Wunder,
für das ich mich schäme

Diesmal weiß ich überhaupt nicht, wie es geschehen ist. Wirklich, ich habe keinen blassen Schimmer. Es fühlt sich immer noch an wie Zauberei; ein Wunder ist geschehen, und ich verstehe einfach nicht, wie der magische Trick funktioniert.

Es war vorgestern. Ich saß gerade in der Badewanne, versuchte, mich zu entspannen, und habe dabei, wie immer, mit allem Möglichen gerechnet. Mit einem störenden Anruf, mit dem Wecker, der mich an einen vergessenen Termin erinnert, oder damit, dass der Postbote klingeln und mich aus meiner Badewanne reißen würde. Mit fast allem habe ich gerechnet. Nur mit einem Wunder nicht.

Und da war es schon. Es kam plötzlich. Still, ohne Pomp und Trara. Es glich eher einem zarten, erfrischenden Zwinkern. Wer mir zuzwinkerte? Es war: Svetlana. Die Frau, deren Gesicht auf meinem Deofläschchen abgebildet ist. Das Wunder: Svetlana war auf einmal blond geworden. Obwohl sie doch eigentlich, das hätte ich noch ein paar Minuten vorher geschworen, braune Haare hatte!

Svetlana arbeitet in Ljubljana. Das steht auf dem Aufkleber mit ihrem Bild. Außerdem steht da noch, dass sie das biologische Deopuder, das nach Teebaumöl und Salbei duftet, eigenhändig abgefüllt hat und für die Qualität des Produktes bürgt. Svetlanas Bild, ein gezeichnetes Bild, das aussieht wie aus einem Comic für Erwachsene, lächelt mir schon seit etwa zwei Wochen zu – morgens, noch bevor mein eigenes Spiegelbild zum Lächeln kommt. Vorher hat mich das Bild einer anderen Dame begrüßt, sie heißt Dunja, arbeitet für dieselbe Kosmetikfirma, sitzt ebenfalls in Ljubljana und füllt Deos in Fläschchen. Das Puderfläschchen, auf dem Dunja abgebildet ist, war fast leer. Ich hatte also schon Nachschub besorgt, nun stehen beide Fläschchen nebeneinander.

Ich weiß noch genau, wie enttäuscht ich war, als ich das neue Fläschchen neben das alte stellte. Denn ich sah: Die Aufkleber auf beiden trugen zwar zwei verschiedene Namen, eben Dunja und Svetlana, sahen aber ansonsten vollkommen identisch aus. Auf beiden sah man das gleiche Gesicht mit braunen Haaren, breitem Kinn und schmalem Mund. »Na toll«, dachte ich. »Die Firma tut also so, als wäre alles persönlich. Aber sie verwendet für jede Mitarbeiterin dasselbe Platzhalterbild.«

Ich habe die Bilder auf den Aufklebern damals nicht länger beachtet. Inzwischen weiß ich: Ich habe sie überhaupt nicht ordentlich betrachtet. Ich habe gewusst – nein: zu wissen geglaubt. Ich war absolut sicher: Das waren eineiige Zwillingsbilder.

Umso weniger kann ich verstehen, warum Svetlana nun, da ich in der Badewanne saß und mein Blick auf ihrem Bild zur Ruhe kam, auf einmal blonde Haare hatte. Oder doch: Ich kann es verstehen. Ich hatte eben Zeit, genauer hinzusehen. Meine Augen huschten diesmal nicht davon. So sah ich das, was wirklich da war: eine blonde Frau.

Schwer, wirklich schwer zu verstehen ist in Wahrheit mein Irrtum davor. War ich doch felsenfest davon überzeugt, dass die Aufklebebilder identisch waren. Ich hätte es geschworen. Ich hatte es doch mit eigenen Augen gesehen. Dieselben Augen sahen jetzt: Die Bilder waren überhaupt nicht dieselben. Nicht nur die Haarfarbe war unterschiedlich. Svetlanas Kinn war etwas schmaler als das von Dunja, und ihr Mund war zwar ebenfalls schmal, hatte aber eine ganz andere Form.

Ich wundere mich immer noch über mein falsches »Wissen« und über mein vorschnelles Urteil. Wie konnte mir das nur passieren? Ich komme nicht umhin, mich zu fragen: Was glaube ich noch alles zu wissen? Wobei habe ich mich, mit eigenen Augen, schon früher geirrt? Worin täuschen mich meine Sinne, wo führen mich meine Gewohnheit, meine Hektik, mein Bedürfnis, mich rasch, allzu rasch auszukennen, aufs Glatteis, ohne dass ich es bemerke?

Wunder, die meine Welt auf den Kopf stellen und sie zum Besseren wenden: Kann es sein, dass sie die Welt gar nicht wirklich verändern, sondern sie nur so zeigen, wie sie eigentlich ist? Kann es sein, dass ein Wunder etwas ist, das uns befreit – von etwas, das wir für vollkommen sicher halten, obwohl es überhaupt nicht der Wahrheit entspricht?

Ich muss gestehen: Als ich da in der Badewanne Svetlanas blonde Haare sah, habe ich mich geschämt. Ja, auch das kann der Effekt eines Wunders sein. Viele Wunder sind schön. Aber Wunder können auch unbequem, ja sogar erschütternd sein. Sich für Wunder zu öffnen, könnte bedeuten: die Erschütterung willkommen zu heißen. Sich nicht für die Scham zu schämen. Sondern lieber, sicherheitshalber, auch mit Peinlichkeit und Scham zu rechnen.

Wunder machen uns nicht zu besseren Menschen. Aber vielleicht machen sie uns ein bisschen mehr zu den Menschen, die wir eigentlich sind, indem sie ein paar Krümel von der Kruste, die uns umgibt, abbröckeln lassen. Mit jedem Wunder fällt ein kleiner Irrtum zu Boden. Wir legen ab, was allzu sicher war. Und beginnen neu, beginnen endlich wirklich zu sehen, was es längst zu sehen gab.

Verrückt, verspielt und wunderbar

*E*hrlich gesagt: Ich dachte, er spinnt. Nun gut, so wohlerzogen wie meine Gedanken sind, dachten sie das nicht wörtlich – nicht: »Der Mann ist verrückt.« Sondern: »Was ist denn mit dem los?«

Er hüpfte. Er sprang, hoch wie ein Athlet, über unsichtbare Hürden. Und schaute dabei so vergnügt drein wie ein Kind, das man kitzelt. Ein Mann um die dreißig, in Winterjacke, mit Handschuhen, Schal und adretter Frisur. Sprang, sprang wieder, sprang noch einmal, noch höher, während er die Straße überquerte. Sprang auf dem Zebrastreifen, als wäre er selbst ein Zebra, und landete mit einem letzten, besonders übermütigen Hops auf dem Gehsteig, wo er stehen blieb und lachte.

Eigentlich schade, dass so etwas nicht ganz natürlich ist. Wenn ich mir vorstelle, dass es normal wäre, zu hüpfen, wann immer es einen Grund dafür gäbe, dann würde man mich bestimmt mehrmals am Tag beim Hopsen erwischen. Zum Beispiel, wenn das Display meines Handys den Namen meines Mannes zeigte. Wenn ich im Supermarktregal tatsächlich eine reife Avocado fände. Wenn ich auf die Straße träte und feststellen dürfte, dass es diesen entscheidenden Hauch wärmer wäre als erwartet. Wenn das Eisgeschäft zum ersten Mal wieder offen hätte, wenn die Straßenbahn käme. Oder wenn ein Straßenmusikant den Kanon von Pachelbel spielte, der mein Herz zum Jubilieren bringt. Ich würde hüpfen, was das Zeug hält. Und würde, wäre das Hüpfen ganz normal, allen anderen bei ihren Luftsprüngen zusehen und mir zeigen lassen, worüber man sich sonst noch freuen kann.

Aber es ist eben nicht normal. Und ich musste bemerken, wie sich meine Augen ein winziges bisschen verengten. Wie etwas in mir in Deckung ging und inständig hoffte, dass das männliche Zebra keinen Haken schlagen und als Nächstes auf mich zuhopsen würde.

»Was ist denn mit dem los?« Die Frage vor dem Urteil: »Er ist verrückt.« Eine Frage, die jenen, die Ungewöhnliches, Verbotenes, Unangemessenes oder Unerklärliches tun, immerhin eine Chance gibt. Man wird aufmerksamer, schaut genau hin – und findet vielleicht doch noch eine Erklärung für das, was allzu seltsam wirkt.

Die Erklärung, die sich mir zeigte, war schließlich ganz einfach – wie so oft. Der lachende Mann drehte sich um, rief etwas in Richtung eines Pärchens, das noch auf dem Zebrastreifen war. Und das Pärchen lachte und rief etwas zurück. Die drei gehörten zusammen, das war nun ganz klar. Und schon schienen seine Hopser nicht mehr grotesk, sondern höchstens ein wenig übertrieben. Und durchaus erklärlich. Ein Mann wollte seinen Freunden, mit denen er als Tourist durch die winterliche Innenstadt flanierte, durch ein paar Eskapaden imponieren. Lebenslust, gepaart mit Übermut. Nicht verrückt und nichts Besonderes. Oder doch?

»Verrücktheit und Wunder – so nah beieinander«, dachte ich. Freute mich und sagte ihm Hallo: dem verrückten Wunder, das ich gerade bezeugen durfte.

Worin es bestand? In Beziehung. In der Tatsache, dass Menschen manchmal Dinge tun, die sie sonst nicht tun würden. Weil andere, die sie mögen, ihnen dabei zusehen.

Freunde, die hinter uns gehen und zu uns gehören, können der Auslöser sein. Dafür, dass wir springen. Höher springen. Schneller laufen. Dafür, dass wir Scham überwinden. Dafür, dass wir vielleicht jemanden ansprechen, an dem wir sonst vorübergegangen wären. Dafür, dass wir uns zu Wort melden, wo es angebracht ist, obwohl es Überwindung kostet. Dafür, dass wir ein neues Rezept ausprobieren, eine neue Sportart – oder gleich eine ganz neue Art, die Welt zu sehen.

Freunde, die uns sehen: Sie können dazu beitragen, dass ein Wunder geschieht. Eines, das uns über uns selbst hinauswachsen lässt. Das schreibe ich und denke dabei an meine Freundinnen – wie sie nicken und still sind und warten, ob ich noch mehr sagen will als das, was zuerst aus meinem Mund gekommen ist. Wie ihr Zuhören mir Mut schenkt, gewisse Gedanken noch weiterzudenken. Ich denke an das lachende »Ja, genau« meiner Freundin Sabine, das mir schon oft Übermut und Vergnügen geschenkt hat. Und an die zuckenden Mundwinkel meiner Clownkollegin Andrea, die mich so oft bestätigte: »Mach weiter, jetzt wird es erst richtig lustig.«

Kann ich mir selbst auch eine solche Freundin sein? Kann ich mir, allein zu Hause, so viel freundliche Gegenwart schenken, dass ich mutiger werde als sonst und die eine oder andere unsichtbare Hürde überspringe? Ja, vermutlich ist das möglich – und vermutlich habe ich das schon oft getan. Aber schöner, viel schöner ist das Wunder der Bestärkung, wenn man es tatsächlich mit anderen teilt, wenn man sich auf dem Zebrastreifen umdrehen und lachen darf. Wenn man in den Augen anderer lesen kann, dass man eben nicht verrückt – sondern liebenswert, wunderbar und gerade im richtigen Maß meschugge ist.

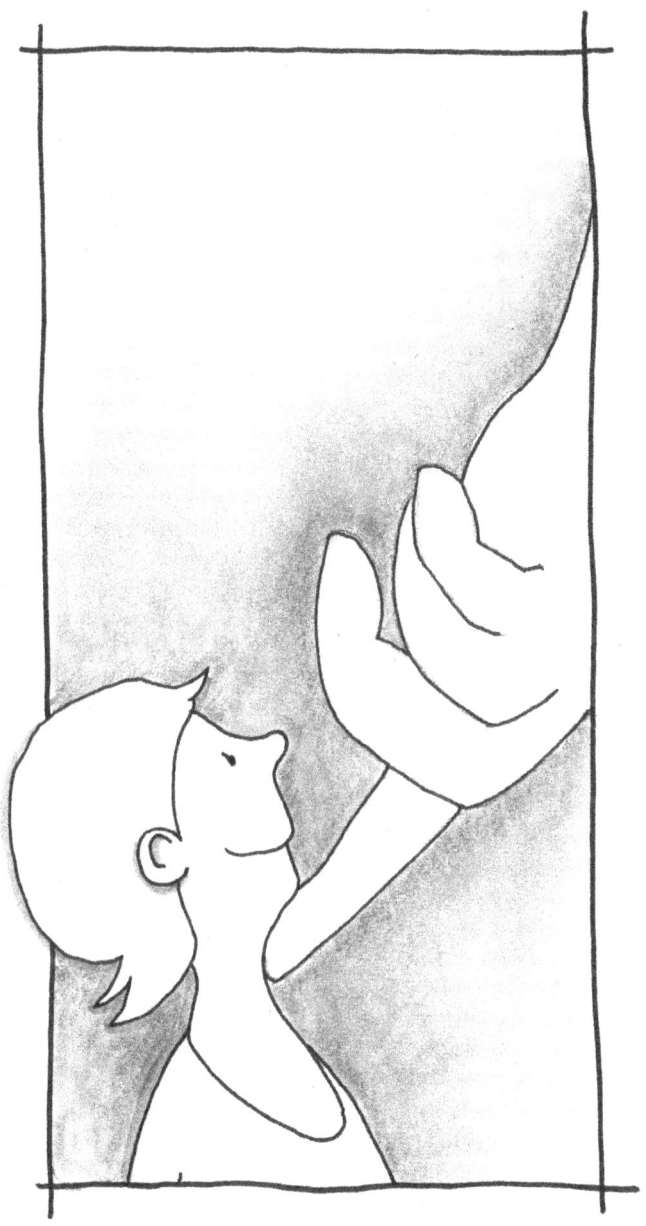

Zum Abschluss: Hundert Wunder, die ich Ihnen wünsche

Ich wünsche Ihnen, dass das Wetter besser, viel besser wird, als Sie es erwartet haben. Dass Sie früher mit der Arbeit fertig sind als gedacht. Ich wünsche Ihnen einen Anruf von der Person, deren Nummer Sie gerade wählen wollten. Ein kleines Kind, das sich auf Ihren Schoß setzt. Und ein Buch, das etwas in Ihrem Leben verändert. Möge etwas gelingen, das fast schon gescheitert wäre. Möge der Fleck aus der Hose wieder rausgehen. Mögen Sie vor dem Wecker aufwachen und ausgeschlafen sein. Möge das Glas, das heruntergefallen ist, heil geblieben sein.

Ich wünsche Ihnen, dass der Film, den Sie versäumt haben, doch noch einmal im Kino läuft. Ich wünsche Ihnen ein Lob, das Sie berührt. Ein Foto, auf dem Sie erkennen, wie schön Sie sind. Einen Ort, an dem Sie sich auf seltsame Weise zu Hause fühlen. Einen Freund, der ein Freund fürs Leben wird.

Ich wünsche Ihnen einen Satz, der Sie zum Nachdenken bringt. Einen Traum, der Sie versöhnt. Und ein Gespräch, das Sie versöhnt. Ich wünsche Ihnen, dass die Speisekarte genau Ihrem Geschmack entspricht. Dass Sie etwas träumen, das Ihnen das entscheidende Quäntchen Mut verleiht. Dass Ihnen jemand freiwillig die Arbeit abnimmt. Dass der Schmerz von selbst verschwindet. Dass der Friseur genau an dem Tag einen Termin freihat, an dem Sie Lust auf einen neuen Haarschnitt haben.

Möge Ihr Mund bemerken, wie kostbar ein Schluck Wasser ist. Möge die Straßenbahn kommen. Und mögen Sie auch einmal gewinnen.

Ich wünsche Ihnen, dass es weniger schlimm ist, als Sie dachten. Dass es doch zu etwas gut war. Dass es leichter ging als gedacht. Dass Ihr Schuss tatsächlich trifft. Dass der Mensch, der so grantig dreingeschaut hat, plötzlich doch richtig freundlich ist.

Ich wünsche Ihnen einen Menschen, der nicht böse ist, wenn Sie sich lange nicht melden. Einen Menschen, der an Sie glaubt, wenn Sie es nicht mehr tun. Einen Menschen, der Ihren Kummer versteht. Außerdem wünsche ich Ihnen eine Speise mit einer völlig neuen Geschmacksrichtung. Den Duft von Sommer im April. Dass Sie etwas Verlorenes wiederfinden. Dass jemand Sie zum Lachen bringt. Dass Ihr Nein akzeptiert wird. Dass Ihr Argument ernst genommen wird.

Ich wünsche Ihnen, dass die Herdplatte doch abgedreht war. Dass jemand Ihren Schlüsselbund gefunden hat. Dass Sie das Radio aufdrehen und genau der richtige Song läuft. Ich wünsche Ihnen ein neues Lied, das Sie sofort noch einmal hören möchten. Eine Farbe, die Sie im Innersten anspricht. Wohlwollende Blicke in einem Moment der Selbstvergessenheit. Eine Umarmung, die Sie annehmen können, obwohl es gerade noch undenkbar schien.

Ich wünsche Ihnen, dass die Hose wieder passt. Dass Sie sich plötzlich, warum auch immer, so fühlen wie damals. Dass er doch schon zu Hause ist, obwohl er erst später kommen wollte. Dass noch eine halbe Stunde Zeit ist, obwohl Sie schon mit dem Packen fertig sind.

Ich wünsche Ihnen, dass der Mensch auf dem Platz neben Ihnen richtig sympathisch ist und die Zeit im Gespräch verfliegt. Dass Sie etwas wiederfinden, von dem Sie gar nicht mehr wussten, dass Sie es haben. Dass es doch kein Karies ist. Dass Sie auf einem Weg, den Sie oft gehen, ein neues, nettes Café entdecken. Dass die Kleidung, die Sie tragen, genau zum Wetter passt. Ich wünsche Ihnen, dass das Gras unter Ihren Füßen überraschend warm ist. Und einen Schmetterling, der sich auf Sie setzt und Sie offensichtlich mag.

Ich wünsche Ihnen eine warme Stube, während draußen das Wetter tobt. Einen warmen Regenguss, der Sie zum Lachen und zum Tanzen bringt. Eine Kinderhand, die sich weich in die Ihre legt. Einen Lieblingsstift, der wie von selbst schön schreibt. Eine unerwartete Einsparungsmöglichkeit. Einen Geheimtipp, der Sie rettet. Die Auflösung eines Missverständnisses. Eine ehrliche Antwort, die Ihnen zu Herzen geht. Und dass etwas abgesagt wird, auf das Sie sowieso keine Lust hatten.

Ich wünsche Ihnen, dass doch noch ein Platz frei wird. Dass die Entspannungsübung tatsächlich wirkt. Ein köstliches Wort, das Sie schon lange nicht mehr gehört haben. Eine Erinnerung, die plötzlich wiederkommt. Einen Witz, der Sie lauthals zum Lachen bringt. Und eine Reise, die Sie nie vergessen werden.

Ich wünsche Ihnen, dass alle sofort einverstanden sind. Dass Sie wieder gefragt werden, obwohl Sie nicht damit gerechnet haben. Dass die Zahl auf der Waage Sie positiv überrascht. Dass Sie tatsächlich recht bekommen. Dass sich das Putzen gelohnt hat. Die große Erleichterung nach dem winzigen Anruf.

Ich wünsche Ihnen Rosenpracht, die Sie aus allen Gedanken reißt. Warme Füße an einem kalten Tag. Dass Sie es tatsächlich schaffen, auf diesen Berg zu steigen. Dass Sie instinktiv das Richtige tun. Etwas Praktisches, das tatsächlich Ihr Leben erleichtert. Und ein Medikament, das wirkt.

Ich wünsche Ihnen, dass Sie beim Bummeln einen Freund oder eine Freundin treffen. Eine verrückte Idee, die Sie selbst zum Grinsen bringt. Dass die Maschine doch nicht kaputt ist und leicht repariert werden kann. Dass ein Geheimnis endlich nicht mehr geheim sein muss. Dass er selbst draufkommt, ohne, dass Sie es ihm sagen mussten. Dass Ihr inniger Wunsch ans Universum tatsächlich erhört wird. Dass Sie mit jemand Fremden ein Gesprächsthema finden, das Sie wirklich interessiert.

Dass Sie – auch nach Jahren – noch in diesem Geruch versinken können. Dass Sie die Mücke schon vor dem Einschlafen erwischen. Und ein Bild, in das Sie eintreten möchten.

Ich wünsche Ihnen, dass das Kleidungsstück, das Ihnen Ihre Freundin in die Kabine reicht und das Sie nie probiert hätten, wunderbar passt. Dieses »Klick« im Inneren, das die Verspannung löst. Dass ein Parkplatz frei ist. Dass der Apfel, der am Wegrand im Gras liegt, reif ist und kein Wurmloch hat. Dass die Saat aufgeht und die Ernte gelingt.

Und zuletzt: dass Sie diese Liste noch einmal lesen und bemerken, wie viele Wunder es bereits in Ihrem Leben gab.

Von Herzen Ihre
Barbara Pachl-Eberhart

Den inneren Reichtum
auf Papier bringen

Losschreiben, wenn die Seele drückt. Schreiben, um kostbare Momente festzuhalten und Erinnerungen wachzuküssen ... Wie das Schreiben auch Ihr Leben auf ungeahnte Weise bereichern kann, zeigt Barbara Pachl-Eberhart. Die kostbare Nebenwirkung: Jede Art des Schreibens stärkt eine Facette Ihrer Lebenskraft. So ist nicht nur der fertige Text das Ziel – sondern auch ein Leben, das von Ihrer eigenen Stimme getragen ist: freudvoll, sinnerfüllt, kreativ.

Mit über einhundert motivierenden Übungen.

978-3-7787-9279-7

Warum gerade du?

Ein Buch, das im Innersten berührt und heilt

Eine einzigartige Verbindung aus persönlicher Erfahrung und
einfühlsamer Trauerhilfe: Barbara Pachl-Eberhart wirft Fragen auf,
mit denen sich jeder Trauernde konfrontiert – ob bewusst oder
unbewusst. Ihre Antworten schenken Hoffnung und helfen,
dem Leben mit neuem Mut zu begegnen.

978-3-453-70339-1

Ein ergreifendes Schicksal
Ein Buch, das Mut macht, zu leben

978-3-453-70203-5

»Dieses Buch berichtet in beeindruckender Intensität von einem Schicksal, das bewegt, das aufrüttelt, das erschüttert.«
die aktuelle

»Ein bewegendes Buch, das sehr viel über Leben und Tod erzählt und darüber, wie man aus einer solchen tiefen Krise am Ende dennoch etwas Positives machen kann.«
Markus Lanz

»Die berührende Geschichte einer Frau, die ihr Schicksal auf erstaunliche Weise bewältigt hat.« *ORF 2*

Leseprobe unter **www.heyne.de**